EHM WELK

GELIEBTES LEBEN

EHM WELK

GELIEBTES LEBEN

GEDANKEN
UND ANSICHTEN FÜR DIESEN
UND JENEN GEBRAUCH
HERAUSGEGEBEN VON
KONRAD REICH
UND EVA-MARIA ELSNER

HINSTORFF
Edition Konrad Reich

Inhaltsverzeichnis Seite

Zu dieser Ausgabe

Ehm Welk, geboren am 29. August 1884 im uckermärkischen Biesenbrow, als Kummerow im Bruch hinterm Berge wird es in die Literatur eingehen, gestorben am 19. Dezember 1966 im beschaulichen mecklenburgischen Bad Doberan unweit der Ostsee – war bis zur Mitte der dreißiger Jahre des vorigen Jahrhunderts ein hochgerühmter und umstrittener, viel gelesener und befehdeter Journalist und Stückeschreiber: als Chefredakteur verhalf er der »Grünen Post« des Berliner Ullstein Verlages zum damals wohl sensationellsten Erfolg der deutschen Zeitungsgeschichte. Unter dem Pseudonym Thomas Trimm schrieb er ab 1928 in »seiner« Zeitung Leitartikel und Kommentare, die allesamt Furore machten, und der Dramatiker Welk brachte 1927 mit »Gewitter über Gottland« ein wahrlich spektakuläres Likedeeler-Stück um Klaus Störtebeker auf die Bühne: im Theater am Berliner Bülowplatz, dem edelholzgetäfelten und mit modernstem Bühnenapparat ausgestatteten Stammhaus der Volksbühnenvereinigung, in der Regie des genialen Erwin Piscator.

Jahre danach erscheint in der »Grünen Post« der inzwischen schon zur Legende gewordene journalistische Angriff auf Goebbels: »Herr Reichsminister, ein Wort bitte!« Stunden später, morgens 1 Uhr 30 am 1. Mai 1934, zweiter faschistischer »Feiertag der nationalen Arbeit«, die Verhaftung. Einer der ersten »Schädlinge am deutschen Volke« wurde zur Nummer, zum Häftling 2653 des eben eingerichteten Konzentrationslagers Oranienburg. Nach seiner Entlassung ist der einst hochangesehene, sehr respektierte Stückeschreiber und Journalist ein Gebrandmarkter, für den sich kaum jemand noch interessiert. Welk verläßt das Zentrum faschistischer Macht, zieht in die idyllisch-behagliche Gurkenstadt Lübbenau. Und beginnt ohne Zaudern in der zweiten Hälfte des Jahres 1935 zu schreiben, genauer gesagt, Bücher zu konzipieren, von denen er nicht wußte, ob sie je würden erscheinen können. Was vor einem halben Jahrhundert erlebt worden und fast schon vergessen war, kam herauf, die *strömenden Kräfte einer schönen Heimat und einer glücklichen Kindheit*. Glauben wir diesem ein wenig emphatisch geratenen Selbstzeugnis, so wurde damals der Romanautor geboren. Und als die Nazis ihm zwei Jahre später die Veröffentlichung »unpolitischer Bücher«, was immer darunter zu verstehen ist, erlaubten, erblickten zuerst »Die Heiden von Kummerow« das Licht der Welt. Danach die anderen großen Romane: »Die Lebensuhr des Gottlieb Grambauer« 1938, »Der hohe Befehl« 1939 und »Die Gerechten von Kummerow« 1943.

Sie sind, wie immer bei Welk, eine Mischung aus Realem und einer Hoffnung. Dieser feinfühlige, urteilsfähige, interessierte, hellwache und tapfere Mann ist ein Realist *und* ein Träumer, ein Zeitkritiker *und* ein Utopist: eigenwillig und selbstbewußt hat er niemals seine moralischen Standards vernachlässigt. So sehr sich Welk gewandelt, über seine Anfänge hinaus entwickelt hat, unzerstörbar war seine Geradheit, blieb die innige Zuneigung zu den Menschen, blieb seine neugierige Lust zu leben: die Artikel des Journalisten, die Stücke des Dramatikers, die Bücher des Erzählers, mehr als sieben Millionen Mal erschienen (und sicher mehr als dreißig Millionen Mal gelesen), sind Sinnbilder für die Veränderbarkeit der Welt. Suche nach mehr Gerechtigkeit im Irdischen. Empörung über das *trostlose, winzige Leben der Armen*. Respekt vor der Weisheit und Vielfalt des Lebens und der Natur. Stets wiederkehrendes resümierendes Fazit: was moralisch falsch ist, kann im Leben einer Gesellschaft nicht richtig sein. Ein hoffnungsloser Fall von Optimismus? Eher ein Mutmacher in immer wiederkehrenden Zeiten großer Entmutigung, die gewiß der Mutigen bedarf. In Welks literarischem Universum wird keine Welt erlöst oder gerettet, sondern immer wieder ein kleines Glück ausprobiert.

Gleichwohl, die eigentliche Grundierung seines journalistischen wie literarischen Werkes und Wirkens geht beim ständigen Ausprobieren des *kleinen Glücks* nicht verloren. Er fühlt sich Immanuel Kant, den er seinen *Lieblingsphilosophen* nennt, und der im wesentlichen vom Bürgertum des 18. Jahrhunderts getragenen geistesgeschichtlichen Epoche der Aufklärung tief verbunden. Lebenslang. Ehm Welk hatten es die Kantschen Definitionen, daß es darauf ankomme, dem Menschen aus »seiner selbstverschuldeten Unmündigkeit« herauszuhelfen, damit er sich »seines Verstandes ohne Leitung eines anderen bedienen« kann, angetan: Vernunft und Gefühl, sittliche Lebensweise, Humanisierung des sozialen und kulturellen Lebens, Achtung der Menschenwürde und Anerkennung der Gleichheit aller Menschen.

Respektierung der Natur und der Naturwissenschaften – durchzieht das Welksche Lebenswerk. Ein manchmal naives, aber immer facettenreiches Curriculum einerLebenshilfe. Unaufdringliche Anleitungen und Ratschläge, keine Lösungen oder gar Rezepte, Witziges, sanfte Ironie und glänzende Aperçus. Nicht nur in den Romanen und Erzählungen, die schönsten und wichtigsten Lebensweisheiten sind in dieser Ausgabe versammelt, sondern auch in den mehr als dreihundert Leitartikeln des Thomas Trimm. Sie erweisen sich beim genaueren Hinsehen als genaue Beobachtungen des Alltags. Hier, in dieser Form, kleine sprachliche Kunstwerke durchaus, zeigte sich erstmals ein pädagogisch ambitionierter Autor unverstellt in all seinen menschenfreundlichen Eigenschaften. Brillante Pointen und scheinbar verquere Thesen, sentimentales Mitgefühl, existenzieller Ernst und kruder Humor. Formuliert wurden zumeist gut durchdachte Antworten auf Fragen des Augenblicks und der Zeit. Oder Welk stellte richtige Fragen, was allein schon eine Kunst ist, ohne gültige Antworten zu geben, weil auch er sie nicht zu geben vermochte. Nicht wenigen Menschen in seelischen und materiellen Nöten, von denen wir aus seinem Briefwechsel mit Lesern noch heute die Namen wissen, half er so beim Erkennen und Begreifen von Lebensrealität: Wirklichkeitsbewältigung auf vielfach vertrackte Weise aus häufig ungewohnter Perspektive. Lebenskunst im Umgang mit sich selbst und anderen. Bekenntnishafte literarische und journalistische Texte. Dieser Mann dachte, trotz oder gerade wegen Kant, mit dem Herzen und fühlte mit dem Geist, um ein Wort von Theodor Fontane abzuwandeln.

Die zwanziger Jahre des 20. Jahrhunderts durchlebten eine große Zeit des Meinungsjournalismus. Markante, sehr persönlichen Ansichten und gegensätzliche politische Temperamente. Ambitionierte Journalisten und Feuilletonisten wie Herbert Ihering, Alfred Kerr, Monty Jacobs, Kurt Tucholsky oder Carl von Ossietzky lieferten sich von Berlin aus, ihrem bevorzugten Austragungsort, heftigste Duelle. Mit oft großem Unterhaltungswert. Man mischte sich ein, in große und kleine Politik. Sehr linke und sehr rechte Leitbilder entstanden und verschwanden wieder. Selbst banale Alltagsvorgänge, oft mit einem fatalen Beigeschmack von Wirklichkeitsfremdheit, mündeten in verbissen geführte Auseinandersetzungen, brachten es zu Leitartikel-Ehren. Diese neue Leitartikel-Kultur pflegten in den Jahren nach dem 1. Weltkrieg bis 1933 nahezu alle bedeutenden Zeitungen und Zeitschriften der Weimarer Republik. Von Sebastian Haffner (1908 bis 1999), als Feuilletonist unter seinem Geburtsnamen Raimund Pretzel bei der berühmten »Vossischen Zeitung« unter Vertrag, stammt der augenzwinkernde witzige Hinweis: »Die meisten Gemeinplätze werden zu Wahrheiten, wenn man sie auf den Kopf stellt.«

Wunderbare Beispiele dafür finden wir in den Leitartikeln, die EhmWelk, leider hat er Pretzel / Haffner niemals kennengelernt, ab1928 schrieb. Sie schmückten bis April 1934 die erste Seite dieser hocherfolgreichen »Sonntags-Zeitung für Stadt und Land.« Und Thomas Trimm, den wöchentlich etwa drei Millionen lasen, wurde deutschlandweit zu einer Institution. Selbst Thomas Mann schrieb im April 1929: »Ich kenne ,Die Grüne Post', lese sie immer wieder gern, wenn sie mir in die Hände fiel, und habe meine Freude an dem umsichtigen Reichtum ihres Inhalts, an ihrer gesunden Vorurteilslosigkeit, ihrem freien und versöhnlichen Geist.«

Die Jahre um 1929 sind voller Krisen, Leid, Elend. Menschen sehnen sich nach innerer und äußerer Ruhe. Nachzulesen in allen dreiunddreißig Arbeiten, die in dieser Edition erstmals veröffentlicht werden. Was die Texte vor allem auszeichnet, resultiert aus einem immerwährenden Bemühen, quälende, groteske, irrwitzige Situationen mit Humor und Ironie aufzuhellen, sie geben den Blick frei auf eine wimmelnde Menschenwelt und eine nahezu unabsehbare Fülle dramatischer Verwicklungen. Heute, Jahrzehnte später und im Angesicht unserer verwirrten, ratlosen Welt, sind die Feuilletons von Ehm Welk wunderbar intensive, kunstvoll und schlichte, sensible, vorurteilsfreie und durchaus aktuelle Belege dafür, wie sehr auch wir uns zu Beginn des 21. Jahrhunderts ändern müssen, damit das Beste in uns und um uns herum bleiben kann wie es war und ist.

Konrad Reich
Im März 2006

Der Hang zum heiteren Philosophieren über Leben, Handeln und Sterben mag bei mir vom heidnischen Vater geerbt sein, das Lächelnkönnen ohne Spott sicher von der stillen, frommen Mutter. Möglich, daß diese Mischung nötig ist, dazu aber ein gerüttelt Maß bitterer Erfahrungen und Enttäuschungen, soll der unfreiwillige Humor des alltäglichen und des festtäglichen Lebens der Großen und der Kleinen, der Würdevollen und Unbeträchtlichen eine dichterische Verwertung und Klärung finden.

Ehm Welk

Gedanken
und Ansichten für diesen
und jenen Gebrauch

In seinen Lebensjahren von vier bis zwölf wird der Mensch gemacht

1

Ein fröhliches Menschenantlitz ist der schönste Sonnenaufgang.

2

Wäre Kantor Kannegießer nicht ein simpler Dorfschullehrer, sondern ein Philosoph des deutschen Idealismus, ein Lesebuch-Dichter oder auch nur ein Schulinspektor gewesen, so hätte er dem Kummerower Nachwuchs, anstatt ihn mit Heidengeschichten zwischen Gut und Böse hindurchzuführen, bewiesen, daß der Mensch durch freudige Anerkennung der Notwendigkeit eines elenden Lebens im Diesseits als Voraussetzung eines Schlaraffenlebens im Jenseits viel leichter und sicherer in den Ruf eines anständigen Menschen kommt als durch Fleiß und Rechtschaffenheit.

3

Eine religiöse oder heldische Figur an der Fassade eines Hauses ist nicht maßgebend für das, was im Innern des Gebäudes geschieht. Es sei denn, der Betrachter nähme aus Weltkenntnis die betonte Herrschaft guter Eigenschaften in diesem Hause als eine unfreiwillige Mahnung zur Vorsicht. Die Römer schrieben ja auch an ihr Tor: Cave canem!

4

Wörter reichen nicht aus, ein Kind zu erziehen, es muß Werke als Vorbilder sehen. Am besten an seinen Eltern!

5

Eltern und Erzieher übersehen immer wieder das Selbstbewußtsein des Knaben, das schon Stolz ist. Dieses Gefühl erwacht in dem Knaben in der Zeit vom sechsten bis zum achten Jahre, in den Jahren also, in denen der Mensch zu denken beginnt. Der Knabe wird stolz darauf, die Dinge seiner Umwelt zu verstehen, sie zu wissen, ja sie bestimmen zu können, und glaubt, diesen wohligen Zustand – sein bisheriges Fühlen ins Bewußtsein heben zu können – den anderen, auch den Großen, vorauszuhaben. In der knabenhaften Überschätzung seines neuen Besitzes erkennt er den Großen nur zu, ihm eins vorauszuhaben: die Macht, das heißt die Möglichkeit, gegen ihn Gewalt anzuwenden. Wenn doch Väter und Lehrer mehr um diese biologisch bedingten Zustände im Knaben wüßten!

6

Martin Grambauer hatte bisher nicht weiter darüber nachgedacht, warum die Menschen mal so und mal so reden. Nun glaubte er es zu wissen – und sagte es auch: Um zu betrügen! Wenn die Großen untereinander reden, dann sprechen sie, wie sie alle Tage reden und wie man sie kennt, vom Pflügen, Holzhauen, Kartenspielen. Wenn sie aber mit Kindern sprechen, dann betun sie sich, reden albern oder von oben herab, immer geschwollen, gerade so, als hätten sie sich über ihre Alltagsjoppe den Gehrock gezogen. Fast alle großen Menschen machen es so. Wenn die Großen ehrlich sind, kann das sicher nur am Alltag sein. Wahrscheinlich sind die Menschen überhaupt nur bei schwerer Arbeit ehrlich.

7

Die erste bittere und verwirrende Erfahrung des Kindes ist, daß die Großen lügen; und daß sie um so mehr lügen, je größer sie sind. Das Kind, in dessen unschuldigen Spieltrieb, sich die Umwelt durch märchenhafte Vorstellungen und das Erfinden von Personen und Handlungen zu verbessern, eines Tages der moralisierende Erwachsene tritt und als Gottes und der Menschen erstes Gebot verkündet: Du sollst nicht lügen! – das Kind merkt zuerst erstaunt,

dann erschrocken, daß die Erwachsenen nicht ehrlich antworten, daß sie Ausflüchte machen oder Torheiten und Grobheiten sagen, nur, um ihr Nichtwissen oder ihr schlechtes Gewissen zu verbergen. Hellhörig und hellsichtig geworden, entdeckt das Kind sehr bald, wie gerade die Menschen, die es am meisten liebt – Eltern und Lehrer – das tun, was sie dem Kinde als Sünde verbieten, und das unterlassen, was zu tun nach ihren Worten der Menschen heiligste Aufgabe ist. Eltern und Lehrer leben seit Jahrhunderten in dem Wahn, das Kind vermöge die Wirklichkeit noch nicht zu erkennen.
Jäh ist indessen der Vorhang zerrissen, und erschrocken und verstört starrt ein Kind in die Wirklichkeit des Lebens, in der Reden und Handeln der Großen nur noch selten etwas miteinander zu tun haben. Die Erwachsenen achten noch immer nicht darauf, die Unwahrhaftigkeit scheint zu ihrem Verkehr mit Kindern zu gehören wie die Leichtfertigkeit, mit der sie den Kleinen Versprechungen machen, meistens schon in der Absicht, sie nicht zu halten. Später wissen dann jene Erwachsenen, die in der sozialen Schichtung die Kleinen blieben, daß es auch im politischen und wirtschaftlichen Leben der Großen Eigentümlichkeit ist, so zu verfahren. Sofern diese Großen nicht ganz Große sind, die sich für das Lügen ebenso wie für das Schuhputzen ihre Leute halten und dadurch selbst wieder als wahrhaftig erscheinen können.

8

Woher auch soll (das Kind) wissen, daß es beim Verlassen der Schule weniger für ein Glück erwachsen und mehr einem Glücke entwachsen ist? Für den trügerischen Trost, den ihm die Erwartung der Genüsse des Erwachsenseins gibt, nimmt der junge Mensch gern die Mühsal in Kauf, welche das Leben für ihn bereithält, an die er sich meist auch überraschend schnell gewöhnt.

9

Nicht immer gleich um sich schlagen, lieber Junge! Es wird zu leicht und deshalb zuviel geschlagen in der Welt. Das ist nicht nur überflüssig, es ist oft auch verkehrt. Wie in deinem Falle, wo du nach einem Insekt, das dir unangenehm wurde, gleich mit beiden Armen fuchteltest und es dadurch erst recht wild machtest.

10

Man sollte die Jungen fordern lassen, soviel sie wollen; auch das, von dem sie wissen, es ist nicht vorhanden; denn es beruhigt sie. Und außerdem legt sich das Fordern mit dem Gelbwerden der grünen Gegenwart, die eine goldene Zukunft werden soll, ja mit jedem Tag. Und näher kommt das, von dem man bestimmt weiß, was es werden wird: eine graue Vergangenheit.

11

Die Jahre von Siebzehn bis Zwanzig sind bei einem jungen Manne das, was bei einer Saatpflanze die Zeit zwischen dem Pikieren und dem Auspflanzen ist. Nämlich wo die Pflanze sehr wenig, hingegen der Gärtner sehr viel bedeutet.

12

Am schwersten für den jungen Menschen sind nicht die Enttäuschungen, die er aus unerfüllten Hoffnungen, fehlgeschlagenen Unternehmungen und dem Versagen einzelner geschätzter Personen erfährt, sondern jene, die ihm, so nimmt er übertreibend an, die Menschheit bereitet.

13

Alles kann der Jüngling vertragen, auch Unglück in der Liebe und alles Leid der Erde, aber der Feigheit und Prahlsucht kann er sich nicht bezichtigen lassen.

14

Jugend – das ist kein Vorrecht, es ist eine Verpflichtung. Zur Jugend zu gehören, das heißt, im Besitz von Vorrechten zu sein, die sich täglich vermindern, und sie eintauschen zu müssen gegen Verpflichtungen, die sich täglich vergrößern. Jungsein – das ist weniger eine Sache der Jahre, es ist mehr eine des Herzens.

15

Hinter dem Jugendlichen steht ein helles Licht und wirft den Schatten des im Leben Wandernden vor ihn auf seinen Weg. Je größer der Jugendliche wird, je kürzer wird sein Schatten, da das Licht hinter ihm steigt. Der Schatten verdunkelt den Weg so lange, bis das Licht seinen Höhepunkt erreicht hat und beginnt, dem Schreitenden entgegenzuleuchten. Das geschieht gewöhnlich, wenn der Mensch vierzig Jahre alt geworden ist.

16

Ich sage euch, liebe Kinder, lernt, lernt, lernt! Die Welt ist riesengroß und wunderbar schön und voll soviel Herrlichkeiten. Ein Menschenleben von hundert Jahren reicht nicht aus, auch nur einen kleinen Teil davon kennenzulernen. Und noch einmal soviel Jahre brauchte ein Mensch, um das Gelernte für andere Menschen richtig anwenden zu können. Seht, ich bin ein alter Mann, und ich müßte zehnmal so alt werden, könnte ich auch nur sagen: Jetzt hast du genug gelernt! Denn: je mehr einer weiß, je mehr hat er vom Leben. Und wenn er nicht in die Welt hinaus kann, weil er krank ist, oder er hat kein Geld, oder er darf aus anderen Gründen nicht, so soll er seinen Geist gesund und sein Herz hungrig halten. Dann kann er sich die ganze Welt in eine kleine Stube holen.

17

Ich habe von den Tagen an, die ich in der Schule verbrachte, einen erheblichen Teil meines Lebens um die Erkenntnis gerungen, was im Kinde bis zu seiner Schulentlassung vorgeht, da sich doch das Kind aus dem einfachen papiernen Bild der Welt, das die Lehrer ihm gewöhnlich vermitteln, und der tausendfältigen Erscheinung der wirklichen

Welt, aus Bildern also, die sich nie gleichen, ein einziges zumeist für die Dauer des ganzen Lebens gültiges Bild machen soll.

18

Das Licht, das in der Kindheit in uns angezündet wird, kann stark genug sein, nicht nur den Weg des Mannes zu erhellen, sondern auch das erst im Alter erkennbare Ziel noch zu überglänzen.

19

Man kann als Mann das Vertrauen und die Zuneigung des Knaben gewinnen, wenn man nur ein einziges Mal in voller Ehrlichkeit zu ihm als Mann zum Manne spricht. Dadurch geht keineswegs der Respekt verloren, wie amtswütige Lehrer gewöhnlich annehmen, er wird vielmehr erst geweckt und gestärkt. Wenn doch die Vorgesetzten aller Orten und Arten das wüßten, wenn man es doch denen, die Obrigkeit sind, vermitteln könnte! Aber nein, sie müssen dem Kleineren nur immer befehlen, weil sie glauben, nur so das schreckliche Phantom »Autorität« wahren zu können.

20

Das Gefährlichste für einen wachsenden Menschen ist es, wenn er beginnt, über sein aus dem Erfühlen gehobenes Teilwissen den Stolz des vermeintlich geistig Selbständigen zu breiten. Denn nun wird es ihm schwerer mit jedem Tag, diesen Besitz unermüdlich zu erweitern, zu überprüfen und zu erneuern, bis jener Grad des Besitzstandes erreicht ist, der es dem Besitzenden zu erkennen gestattet, daß der Mensch nie genug weiß. Und duldsam zu werden.

21

Er sagte, er habe seine hohe Bildung im Alter lediglich dadurch erworben, daß er von der erst in späteren Jahren sauer erworbenen Kunst des Lesens und Schreibens einen ganz anderen Gebrauch gemacht habe als die meisten

Menschen in den Staaten einer sogenannten hohen Kultur. Er habe zunächst nicht allzuviel gelesen, was er aber gelesen habe, sei auch von ihm verarbeitet worden und habe ihn bei seiner körperlichen Arbeit und in seinen Mußestunden beschäftigt. Er denke nach über das, was er gelesen habe, und lese lieber ein Buch zehnmal als zehn Bücher einmal. Sollte diese Methode nicht allgemeiner angewendet werden? Und nicht nur beim Streben nach Bildung?

22

Die Menschen, lieber Martin, können nicht erwarten, ein Leben lang im Paradies zu wohnen. Das ist für viele die Kindheit und die Heimat. Wer eine Heimat hat wie du, und wer eine Kinderzeit gehabt hat wie du, der kann ruhig in die Fremde gehen. Wenn er erwachsen ist und alt und grau und voller Ehren, wird er noch immer an seinen Stiefelsohlen etwas Ackererde mitschleppen, mag er auch in Schloßsälen tanzen. Seine Heimat wird immer bei ihm sein und ihm erst die richtige Kraft geben, dafür zu arbeiten, daß einmal alle Kinder eine schöne Jugend und eine richtige Heimat haben. Und was nun deine dummen Streiche angeht, da mach dir keine Gedanken mehr darüber: Wer als Junge weit springt, wird als Mann leichter Hindernisse des Lebens nehmen können.

23

Mir ist in der Gestalt des häßlichen, kleinen, armen Schulmeisters Pestalozzi die bezwingende Kraft des Lehrers sichtbar geworden. Sie wird deutlich in dem Hauptziel seiner Wünsche, eine Armenanstalt errichten zu dürfen, die sich nach Möglichkeit aus eigener Arbeit erhalten sollte. Hat er doch, ohne viel Wesens davon zu machen, mit eigenen Händen die verdreckten unsauberen Waisenkinder gewaschen und ist auch außerhalb der Schule um ihr Wohlergehen besorgt gewesen. Es überlege sich jeder Lehrer, was das bedeutet. Er vergesse dabei nicht, daß Pestalozzi sein Tun nicht einmal bemerkt hat. Er mußte es tun, das war alles. Es war das Mütterliche in ihm, dem Lehrer. Heute ist er das Aushängeschild auch noch für den trokkensten Studienrat. Und jede dritte Schule nennt sich nach ihm, auch wenn in ihren Räumen nicht der kleinste Hauch Pestalozzischen Geistes weht. Ich glaube, es gibt auf Erden viel mehr seelische Waisenkinder als Waisen nach den Personenstandsregistern. Und somit auch viel mehr unsaubere und verschmutzte Seelen, als man annimmt. Es ist daher schön zu wissen, daß immer wieder Lehrer heranwachsen, fähig und bereit, sie zu waschen.

24

Der Glaube an Geister, Fabelwesen und geheimnisvolle ordnende Kräfte trübt zwar den kindlichen Geist, erweckt Furcht, verwirrt die Erscheinungen des Lebens und verwischt die Ursachen der Ungerechtigkeiten, er belebt aber auch das Gefühl, bereichert die Natur, nährt die Hoffnung und beglänzt viele sonst sehr nüchterne Dinge und Aufgaben. Und weiß auch der herangewachsene junge Mensch, daß die Fabelwesen seiner Kindheit keineswegs als Geister und Schicksalsbringer die Geschichte seines Landes im Guten und Bösen schufen, daß dies vielmehr durch die Menschen geschah, die von ihren Lebens- und Schaffensverhältnissen geformt werden, so erliegt er, einsam wandernd, doch gern den Vorstellungen, die er in seiner Kindheit von der übermenschlichen Wesen- und Zeitlosigkeit der Phantastischen hatte. Der Zauber des Märchens wurde, wie der Trost der Religionen, vom gleichen Flimmern der Sterne geboren. Und wird erst mit ihnen erlöschen.

25

Solange die Menschen nicht wissen, sondern nur glauben wollen, muß der Storch die Kinder bringen, mag es auch nicht schön aussehen, wenn er lebendige Frösche verschluckt. Und der Totenvogel muß gefürchtet sein, obwohl er ein Käuzchen ist und schöner als ein Papagei. Und der strenge Gendarm muß sein als sichtbarliche Regierung. Und der sanfte Pastor muß auch sein und einhergehen wie ein Weihnachtsmann und muß hinten im Sack den lieben Gott als Geschenk haben und vorn in der Tasche den Deubel als Rute. Und der Landrat muß ein Monokel tragen und der König eine Krone, und es schickt sich nicht für uns zu denken, wie es aussieht, wenn alle diese Vorbilder im Hemde sind und nach dem Nachttopf langen. Jedenfalls nicht, solange die Menschen nicht wissen, sondern nur glauben wollen.

26

Groß ist das Wissen der Menschen um die Dinge der Natur. Aber groß ist auch noch immer ihre Unwissenheit um jene dunklen Gebiete, in denen des Menschen Seele sich aus den Kräften der Natur löst oder wieder in sie zurückflutet. Denn seltsam über die Maßen ist doch, daß sich das Wohlgefühl der Menschen im Walde fast immer in Tiergestalt verkörpert, das Abwehren und Erschrecken dagegen hauptsächlich in Menschengestalt.

27

Für viele Menschen ist Arbeit und Buße eben ein Vergnügen. Betrachteten sie die Arbeit anders, so würden sie auch anders handeln, und dann gäbe es keine Herren und keine Pastoren.

28

Wie wenig konnte doch damals das wirkliche Leben in die Schulstuben dringen, und es machte nichts aus, ob es sich um Volksschulen oder Gymnasien handelte. Mit Beginn der Schulzeit schon wurde das wahre Leben des Kindes, ein Leben, das bisher fast ganz außerhalb der Welt der Erwachsenen gewesen war, für das Kind verändert und langsam zerstört. Die Aufgabe und der Zweck traten auf und durchdrangen das Bewußtsein: Arbeiten. Arbeiten für ein vom Kinde nicht erkanntes und von ihm nicht zu erkennendes, weil nicht direktes Mittel zur Daseinsbehauptung. Langsam nur begriff das Kind, was es bisher lediglich instinktivmäßig wie das Tier befolgt hatte, daß, um leben zu können, das Geschöpf sich ernähren, daß es essen müsse. Und daß es für den Menschen nicht genüge, sich wie ein Tier seine Speise unmittelbar zu suchen, also etwa die Früchte zu pflücken, die rings umher wachsen. Das Kind würde wohl auch, ohne den Mangel als Anlaß zu nehmen, sie anbauen. Daß der Mensch aber, um essen zu können, Tag für Tag in eine Fabrik gehen, Steine nicht nur für die eigene Wohnung, sondern auch für fremde Paläste und Kirchen karren, mit Gedanken oder Kleider handeln, des Grafen Äcker pflügen und seine Stiefel putzen müsse und daß diese Ordnung, die dem Armen, wenn er Glück hat, sein karges Essen gibt, von Gott oder dem Teufel gewollt sei, begriff das Kind erst nach völliger Zerstörung seines Paradiesgefühls, seiner Verbundenheit mit der Natur. Diese Zerstörung, die mit Schulanfang begann, wurde gewöhnlich vollendet beim Verlassen der Schule.

29

Ein Mensch fühlt die Freude und Schönheit des Daseins nicht ganz und erfaßt nicht den höheren Sinn des Lebens, wenn er über das atmende Land geht und nur feststellt, daß es doch wieder Frühling geworden ist; auch der Mensch nicht, der hinausgeht, um sich zu erholen; und denen, die sachlich die Bestellungsmöglichkeiten ihrer Gärten berechnen, bleiben die Gesetze der Welt ebenso fremd wie jenen, die nur die Fülle der Knospen sehen, die Natur ästhetisch betrachten, über Werden und Vergehen dichterisch orakeln und also den Menschen über die Dinge stellen, die ihn umgeben, denen er eingeordnet ist. Erst wenn der Mensch fühlt und bekennt, daß er nur ein Teil ist des allgemeinen Lebens, ob dies im Augenblick nun Pflanzen sind, Tiere, Landschaften oder Volkheit und Menschheit, erst dann kann er zum wirklichen Genuß und zur Erfüllung seines Daseins kommen. Denn dann wird seine Freude herrlicher, seine Arbeit fruchtbarer, und sein persönliches Leid wird leichter, weil es trotz aller Schwere vor solch gewaltigem Feld zusammenschrumpft ...Viele Menschen sehen, hören und fühlen es nicht. Sie sehen, hören und fühlen auch nicht die Zwischentöne im Lied, in Bildern, in der Landschaft; die Photographie und der Vierfarbendruck ersetzen ihnen den Maler, den sie für närrisch halten, wenn er behauptet, manche Himmel hätten zu gleicher Zeit zehn Variationen der einen Farbe. Und diese Zwischentöne im Bild, in der Musik, im Gedicht sind doch nicht nur vorhanden, sie sind ein Wesentliches an den Werken der Kunst, wie sie es an den vielfarbigen Erscheinungen des Lebens in der Natur sind.

30

Der rechte Sinn des Lebens ist in allem Leben vorhanden. Aber nicht als der gebietende Herr, als ewiger Geist, großer Zauberer oder strenger Richter, sondern als ein einfacher, kleiner Keim des Gefühls vom Guten und Schönen, gar nicht sichtbarlich unserem Auge. Und wie der Mensch durch zuträgliche Nahrung seinen Leib pflegt, so kann er auch seine Seele pflegen und somit das wachsen und reifen lassen, was der Christ seinen Gott nennt, was ich für mich den Sinn des Lebens benennen möchte: Das herrliche Gefühl, jedenfalls einen kleinen Gott in sich zu tragen...

31

Die Begriffe »heiter« und »sonnig«, angewendet auf menschliche Stimmungen, sind ein Beweis für unsere Gedankenlosigkeit. Die Menschen wünschen sich ein heiteres und sonniges Leben und wissen nicht, daß der ewige

Sonnenschein der Tropen bedrückender ist als selbst der dauernde graue Nebel des Nordens und daß der unverändert heitere Himmel des Südens melancholischer stimmt als die Regenwolken Schottlands.

32

Je einfacher ein Mensch in seinem Denken und Fühlen ist, je größer ist für ihn die Einheit des Lebens und der Welt. In einem Punkt jedoch entfliehen die Einfachen ebenso wie die innerlich Verzweigten mit ihren Gedanken und Gefühlen den großen Allgemeinbegriffen und Erscheinungen: in dem lebenslangen Verbundensein mit jenen Stätten, in denen sie Kinder waren. Es ist wohl so, daß sich der Garten, aus dem Adam und Eva vertrieben wurden, in der Vorstellung und Sehnsucht der Menschen nur dadurch als das Paradies erhalten konnte, daß zur Zeit der Verstoßung noch keine anderen Menschen an anderen Stellen der schönen Erde lebten und eine Heimat hatten, somit auch kein anderes Paradies gefunden haben konnten. Heute hingegen gibt es Millionen Paradiese, und es sind viele darunter, die in eis- und schneebedeckten Polarländern, in unfruchtbaren heißen Sandweiten und in den Steinwüsten der Großstädte liegen. Der Baum der Erkenntnis, der den Menschen vom ersten bitteren Wissen an zum Verlangen nach Frieden wurde und Heimat heißt, wächst in allen diesen Paradiesen, blüht blau und gibt Früchte, und keine Schlange braucht den Versucher zu spielen, damit die Menschen von ihm essen. Die Früchte aber heißen: Heimatgefühl, Vaterlandsliebe, Völkerfrieden.

33

Heimat ist nicht immer dort, wo wir zur Welt kamen – Heimat ist, wo wir lieben.

34

Ich liebe mein Vaterland. Das ist eine Selbstverständlichkeit, denn wäre es anders, so verkörperte ich einen unnatürlichen Zustand. Wie es Kinder tun, die ihre Eltern nicht lieben. Zwischen der Liebe zur Nation, dem Nationalstolze und dernationalen Überheblichkeit freilich sind große Unterschiede, die allerdings von den Menschen, die ihr Nationalgefühl als etwas Besonderes betonen, nie bemerkt werden. Wir sollten sie zum Heile des Friedens eindringlicher darauf aufmerksam machen.

35

Oft habe ich in meinem Leben sehen müssen, daß Menschen, die sich den Teufel um den anderen Menschen gekümmert hatten, nachher, wenn er einen rühmlichen Tod gehabt hatte, davon profitieren wollten. Die Großen und die Kleinen. Denn er war unser, sagen sie dann. Er ist unser, das sagen die Menschen auch gern, wenn einer ihrer Bekannten oder Untergebenen bei seinen Lebzeiten eine große Ehrung erfährt und sie den Neid gegen den Vorteil abwägen, ein Bekannter oder Kollege des Geehrten zu sein. Dann ist ihnen der andere Mensch eine Art Spiegel für ihren eigenen Wert, und sie nehmen Haltung an und machen ihr Ausgehgesicht. Und sehen nicht, wie der Spiegel in ihrem eigenen Gesicht die Wahrheit sieht und grinst.

36

Erfolg macht Tugend! Das mag ethisch nicht haltbar sein, im Leben aber ist es so.

37

Des Menschen Inneres ist kein geschlossenes Ganzes und kann nicht ohne weiteres umgeschaltet werden, es besteht vielmehr aus oft ganz entgegengesetzt wirkenden Teilen, und ebenso wie es den Widerspruch einer Verbrecherehre gibt, gibt es Rohlinge und Gewalttätige, die in ihrem Privatleben sanft wie Tauben sind. In der Menschen Brust ist es eben dunkel, mag darin auch Himmel oder Hölle oder beides zugleich wohnen, und weder das Licht des Himmels noch das Feuer der Hölle können dieses Dunkel genügend durchdringen; der matte Schein, der aus den Augen der Menschen fällt, trügt und kann den Nächsten ebenso täuschen, wie es Tierliebe und spießbürgerliche Lebensideale tun können.

38

In meinen Berliner Tagen saß ich des öfteren abends mit einem Pastor und einem Amtsgerichtsrat zusammen. Einmal, als sich das Gespräch mit dem Verfall von Sitte und Moral und der immer größer werdenden Haltlosigkeit der unteren Volksschichten befaßte, beklagte der Pastor die Menschen, die sich und ihre Triebe nicht beherrschen könnten, und suchte nach besseren Erziehungsmethoden. Der Amtsrichter sah sie nur in einer strengen Bestrafung der Schwach- und Schuldiggewordenen und verlangte von jedem Menschen Selbstbeherrschung: Der Mensch, der sie nicht aufbringe, beweise damit seine Minderwertigkeit. Meine Hinweise auf Veranlagung und die Mitschuld der Umwelt lehnten beide Männer überlegen ab.
Kaum eine halbe Stunde später waren wir bei einem anderen Thema: dem des Tabakrauchens.Der Pastor wollte es sich abgewöhnen wegen des immer schlechter werdenden Krautes, der Richter wegen seines bedenklicher gewordenen Herzens. Und beide gestanden, daß dieses Abgewöhnen sehr schwer, ja geradezu unmöglich sei. Sie hätten es in ihrem Leben wiederholt versucht, wären aber trotz aller besseren Einsicht immer wieder rückfällig geworden. Der eine war ein Pastor, der andere ein Richter. Konnten sie vor ihrem Gewissen ihren Beruf beibehalten?

39

Es gibt keinen Stand, der besonders edel ist, und es gibt keinen, der besonders schlecht ist; es gibt auch kein Volk, das so geartet ist. Berufe, Stände, Völker und Menschheit überhaupt, sie tragen Gutes und Schlechtes in sich, wie der einzelne auch. Und es kommt fast immer nur auf die

Verhältnisse an, welche Eigenschaften die Oberhand gewinnen.

40

Ich weiß heute, daß unsere Tugend und Ehre oft nur an einem Geländer gehen, welches dünn ist wie ein Spinnfaden, so daß nur jene Menschen es sehen, die es sehen wollen.

41

Um das Brot brechen zu können für seine Familie, hat mancher schon seinen Charakter brechen müssen. Darum hüte man sich, über ihn den Stab zu brechen. Denn schon das eine Ende von solchem gebrochenem Stab genügt, um dem Menschen auch noch das Stückchen Brot aus der Hand zu schlagen, und das andere Ende reicht aus, ihm als Bettelstab zu dienen.

42

Es ist ziemlich gleich, ob die Frommen den Armen Rosen mit oder ohne Dornen auf den Weg streuen. Beide Sorten pieken, und wer sie armen Pilgern dennoch streut, anstatt ihnen handfestes Schuhwerk an die bloßen Füße zu bringen, darf sich nicht wundern, wenn sich die Füße gelegentlich heben, um den freundlichen Spendern einen Tritt in den Hintern zu versetzen.

43

Es ist etwas Schönes und Gutes, wenn ein Mann tiefe Gedanken hat. Es ist etwas Schöneres und Besseres, wenn eine Frau tiefe Gefühle hat. Es ist das Allerschönste und Allerbeste, wenn ein Mensch gehungert und gedarbt hat und sieht mit einem Male vor sich einen tiefen Teller voll Essen stehen, und das Essen ist kein Almosen. Davon werden nämlich die Gedanken und Gefühle der Menschen gewandelt und werden besser und friedvoller.

44

Eine Zeit, welche die Würde der Persönlichkeit nicht zu schätzen wüßte, wäre selbst ohne Würde. Eine Zeit aber, lebendig und bewegt, erfüllt vom Willen, die Gegenwart und die Zukunft lichter und freudiger zu gestalten, wäre würdelos, sähe sie in Schaugewändern das Vorhandensein von Persönlichkeiten. Der Mensch ist das Maß seiner Würde. Das Maß aller Würde aber ist die Menschenwürde.

45

Das ist auch eine der falschen Redensarten, daß arme Leute das Hungern leichter ertragen, weil sie es gewöhnt sind. Im Gegenteil, wer immer nur gerade seinen Hunger stillen konnte, der wird viel eher schwach, wenn auch das wenige noch ausbleibt; wer aber stets so viel essen konnte, wie er wollte, der hält viel leichter mal einen Tag ohne Essen aus.

46

Es wandelt sich schnell eines Menschen Wesen: Bei einem durchs Lieben, beim andern durchs Hassen, beim dritten durchs Essen, beim vierten durchs Hungern, beim fünften durchs Arbeiten, beim sechsten durchs Faulenzen, beim siebenten durchs Heiraten, beim achten durchs Ledigbleiben, beim neunten durchs Krankwerden, beim zehnten einfach durchs Lebenbleiben.

47

Bei aller Sicherheit, ja bei allem Lernen und allem guten Willen ist es schwer, Eitelkeit, Rechthaberei, Herrschsucht, Laster und Haß, welche in jeder Menschenbrust wohnen, so weit auszuroden oder abzunutzen, daß Platz ist für das eine, welches allein einen Glauben nähren und durch ein Leben tragen kann: nämlich das Verstehen und das Verzeihen der menschlichen Brüchigkeit, die fröhliche Güte und die Menschenliebe bei allem Eintreten für das Rechtliche.

48

Scheltet nicht die Demütigen. Ich mochte sie früher auch nicht, aber als ich mich zu ihnen gesellte, lernte ich um. Obschon es darunter verschiedene Klassen gibt. Da sind welche, besonders in der Frömmigkeit, die sind so stolz auf ihre Demütigkeit, daß sie voll Hochmut auf jeden wirklich Stolzen und auf jeden Pharisäer und Sünder zugleich sehen. Hinferner gibt es welche, die sind demütig nur zum Schein und um des Brotes willen. Es gibt auch welche, deren Demütigkeit echt ist. Aber sie teilen sich wieder in solche, die es aus ihrem Wesen sind, und in solche, die es sind, weil sie zu Knechten sich geboren fühlen.

49

Lieber Himmel: seinen Namen öffentlich lesen zu können, stärkt nun einmal des Mannes Selbstgefühl. Wer wüßte das besser als ein Literat.

50

Keiner mag sie gern leiden, die Lautsprecher, Bramarbasse und Heldenmäuler, weder im privaten Leben noch im beruflichen. Aber die Leisetreter, die ewig Zurückhupfenden – ich weiß nicht, ich habe immer das Gefühl, man müßte sich auch nach einem ehrlichen Gutentag von ihnen erst mal rasch das Gemüt waschen.

51

Das schöne Wort von allen Sportplätzen, daß nur in einem gesunden Körper ein gesunder Geist wohnen kann, sollte schon gegen die Überschätzung der Kunst und Kraft, ein Gesicht zu zertrümmern, sprechen. Denn nicht die Faust gehört auf das Auge, sondern das Auge soll durch sportliche Betätigung in der freien Natur und im Wettkampf mit anderen geöffnet werden. Damit es aufnehme die frischen Regungen eines freien Zeitgeistes und die Herzen weit und lebendig mache für die Gemeinschaftsgüter der deutschen Zukunft.

52

Auch wer erkennt, daß Schimpfen, Schreien und Fäusteballen gegenüber einem bewaffneten Unrecht nutzlos und sogar schädlich ist, weil das Wachsen der Einsicht auf der anderen Seite dadurch bestimmt nicht gefördert wird –

auch der muß zugeben, daß ängstliches Schweigen und Hinwegsehen ebenfalls unangebracht sind.

53

Es ist nicht zu leugnen, daß der Lärm und das Getöse, mit dem auch das private Leben der Menschen erfüllt ist, von Jahrzehnt zu Jahrzehnt gewachsen ist; zu leugnen ist lediglich, dies sei darauf zurückzuführen, daß es immer mehr Menschen auf der Erde gebe.

Wissenschaftler sagen, bald werde der Mensch schreien, gellen und Ungeheuerlichkeiten sagen müssen, wolle er Aufmerksamkeit erregen. Und amerikanische Wissenschaftler verkünden, der Mensch werde aussterben infolge der rapiden Abnutzung seiner Nerven, denn schon heute sei festzustellen, wie die Dendriden – die verästelten Fortsätze der Ganglienzellen – abgestumpft wurden und somit immer schwerer imstande seien, feine Erregungen weiterzuleiten, so daß es immer gröberer Mittel bedürfe, den Geist des Menschen und seine Seele in Schwingungen zu versetzen.

Ganz allgemein sei der Mensch stumpfer geworden. Zunächst also würde des Menschen Feingefühl sterben, dann sein Gefühl überhaupt, und schließlich sein einseitig entwickelter Verstand. Könne aber der Verstand nicht mehr den Körper kontrollieren, müsse auch der Mensch sterben, und das sei als geschehen anzusehen, wenn auch sein Körper noch einige Jahrtausende als Bestandteil des Tierreiches weiterexistiere.

Da nun der Mensch ohne Beachtung solcher Perspektiven alle Kräfte seines Verstandes ausnutze, durch immer neue technische Erfindungen zum Lärmmachen seine Nerven abzunutzen und somit seinen Körper zu zerstören, werde er das einzige Lebewesen sein, das durch eine übermäßige einseitige Entwicklung seines Gehirns sich selbst vernichtet. Durch die Bewaffnung seiner Armeen mit Atombomben und ihre Duldung hat er bewiesen, daß er zu solchem Tun schon heute fähig ist.

54

Wenn wir uns die Leisetreterei als Ausdruck unseres Wesens abgewöhnen und dabei vermeiden, in das Extrem des Lautsprechens und der betonten Forsche zu fallen, dann werden wir im außenpolitischen Leben die gleiche Erfahrung machen, die wir im privaten und beruflichen Leben jeden Tag machen können: daß nur ein mit guten Manieren selbstverständlich und offen sprechender Mensch eine gute Sache sicher und rasch zum guten Ziele führen kann!

55

Wenn wir es ablehnen, im berühmten wilden »Rhythmus des technischen Jahrhunderts« mitzutanzen, so geschieht das nicht aus Schwerfälligkeit, auch nicht aus hinterwäldlerischer Einstellung, die in der guten, alten Zeit der Postkutschen-Gemütlichkeit das Lebensideal sieht. Und erst recht geschieht es nicht aus dem dünkelhaften Hochmut jener blasierten Geistigkeit, die abgeschlossen vom Alltagsleben in isolierten Stuben hockt.

Wir lehnen die Hast des heutigen Erwerbs- und des Vergnügungslebens auch nicht grundsätzlich ab, sie muss sich als Notwendigkeit der wirtschaftlichen Entwicklung ergeben haben, sonst wäre sie nicht da. Wir lehnen nur ab, in dieser jagenden, zitternden Hast den allgemeinen Lebensstil heutiger Menschheit zu sehen. Einen Stil, den man erstreben muß. Denn wir wissen, daß in der Unendlichkeit der Natur, welche die Menschen mit Wirtschafts- und Vergnügungsmaschinen zu durchrasen sich abmühen, die alten, ewigen Gesetze der Schöpfung unverändert geblieben sind. Wir wissen, daß die einfachen Wahrheiten des Daseins noch immer am Wege liegen; als Schönheiten ohne Zahl, die nichts kosten, als seelische, geistige und körperliche Gewinne für jedermann.

56

Nach den Berichten der Weltreisenden hält die Lärmfreudigkeit der Amerikaner den Rekord in der ganzen Welt. Es ist daher verwunderlich, daß keiner der besorgten Wissenschaftler auf den Gedanken kommt, das im Kampf ums Dasein angeblich notwendige Lärmgetöse durch eine Gesellschaftsordnung zu dämpfen, welche die sozialen Gegensätze beseitigt, und dadurch nicht nur die Notrufe der Darbenden, das Rummelgetöse der Ablenkenden, sondern auch das Profitgeschrei der Ausbeuter überflüssig zu machen.

57

Wir sehen zu, wie eine Art Geisteskrankheit sich verbreitet, ein Volk nach dem anderen ergreift, auf Kosten geistiger, seelischer und körperlicher Vervollkommnung sich ausdehnt und wir selbst – gestehen wir es schon – langsam dem Hang zur Wertschätzung der rohen Gewalt und Brutalität nachgeben, der nun mal im Menschen wohnt.

58

Nicht immer der ist ein Held, der einen Schwertstreich führt, es kann der ein größerer Held sein, der ihn empfängt.

59

Man gewinnt eine Schlacht nicht immer durch Schlagen.

60

Die Welt hat tausend Wünsche und Verlockungen für den Schwachen, für den Starken nur ein Bestreben und Glück: das der Strenge gegen sich selbst.

61

Menschen, die Wein zu trinken verstehen, sagen, es sei das schönste Stadium des Genusses, wenn der noch ferne Rausch sich dem Nüchternen ankündigt durch das Gefühl des beginnenden Verlierens aller irdischen Schwere, der Entgleitende öffne dann gewissermaßen die Tür eines Gemaches, in welchem er seine Wünsche eingesperrt halte, wolle sie befreien und bemerke, daß hinter der Tür nichts weiter steht als ein blühender Rosenstrauch. Der Trinker in Unvernunft müsse aber in den Raum hineingehen und ihn um und um wühlen, denn ein Verhängnis treibe ihn, nunmehr die Wünsche selbst, nicht mehr ihre Erfüllung zu suchen. Und so zerstöre er sich durch Maßlosigkeit einen glückseligen Zustand.

62

Obwohl er tags um Schätze ringt, giert er danach noch nachts im Bett und sieht nicht, wie von Gold es blinkt auf dem verstaubten Bücherbrett.

63

Ungewöhnliche Vorhaben erfordern ungewöhnliche Wege, aber auch ein alltägliches Vorhaben will mit Umsicht durchgeführt werden. Ein Mensch, der seine fünf Sinne nur einigermaßen beisammen hat, wählt, und wäre er von Natur so mutig wie Napoleon, für sein Weiterkommen doch nicht die Straße, auf der er mit ziemlicher Sicherheit eine feindliche Übermacht trifft.

64

Jeglicher Mensch hält seinen eigenen Weg für die wichtigste Lebensstraße. Sie sind hingegen alle wichtig. Manche Menschen wollen natürlich nur Viere-lang fahren, nachher sind ihrer viele meistens froh, wenn sie es als Kutscher dürfen. Ich verarge es ihnen nicht und mache keinem einen Vorwurf, wenn er sich verfährt. Denn die, welche von sich sagen, sie irrten sich nie, sind in ihrem ärgsten Irrtum. Weil sie nicht oder nur sehr schwer wieder herausfinden.

65

Die Wahrheit ist einmalig und absolut, die Wirklichkeit ist relativ und vielfältig. Darum brauchen Erkenntnisse noch lange keine Teile der Wahrheit zu sein.

66

Es ist mit dem Schwätzen immer das gleiche, so unterschiedlich die Ursachen auch sind: bei dem einen geschieht es, weil er den heißen Brei, den ihm andere bereiteten, nicht essen will; bei dem anderen geschieht es, weil er will, die anderen sollen den Brei auslöffeln, den er ihnen eingebrockt hat.

67

Der Mensch hat viel Ähnlichkeit mit einem Salathund. Wissen Sie, was ein Salathund ist? Ein Hund, der zwar keinen Salat frißt, ihn aber auch dem anderen Hunde nicht gönnt.

68

Es ist wohl die schmerzlichste Erkenntnis vom Menschen, daß derjenige, der hat, gern Grenzen aufrichtet gegen den, der weniger hat; und daß derjenige, der wenig hat, sich gern abgrenzt gegen den, der gar nichts hat.

69

Es ist ohne Frage an dem, daß der arme Mann in seinem Innern wohltätiger ist als der reiche, und er ist auch voll mehr Mitgefühl mit denen, die Not leiden. Aber es ist auch an dem, daß er solcher Art meist nur solange ist, wie er selbst Not leidet. Ist er darüber hinaus, dann will sich mit jedem Taler, den er mehr verdient, seine Mitleidigkeit verringern. Da meint etwas in seinem Innern – oft ist es auch nur seine Frau oder ein Kollege – er darf nun nicht mehr zeigen, daß er weiß, was Hunger und Elend und die Überheblichkeit der Menschen tun. Denn der arme Mann ist so voll ehrlichen Mitgefühls gern nur zu seinesgleichen. Ich meine das so: der arme Mann sieht den Seinesgleichen nicht schon darin, daß der andere auch nichts hat, daß er genauso leben muß wie er selbst.

Sobald nämlich der andere, der genauso leben muß, einer ist, der es mal besser gehabt hat, verringert sich das Mitgefühl nicht bloß, dann zieht der schon immer arme Mann sogar noch eine Grenze und stemmt die Arme auf den Zaun und ist zufrieden, daß der andere nun auch mal sieht, wie das ist, nichts zu haben und mit Frau und Kindern entbehren zu müssen. Ganz schlimm wird das aber erst, wenn der andere, der nicht immer arme Mann, noch ein paar kleine Sachen aus seiner früheren Zeit bewahren will, als da sind Reinlichkeit oder Stillesein. Als ich in einem Tagelöhnerkaten wohnen mußte, ging es mit den neu eingesetzten Fensterscheiben noch hin, mit der neuen Tür jedoch, da fing es an, und das richtige Türschloß, da machte der Schlüssel zwar das eingelassene Schloß zu, aber er machte dafür fast alle Mäuler im Hause auf.

70

Ich habe in meinem langen Leben immer auch gefunden, daß viele Menschen, wenn sie etwas Geld in der Tasche haben und wollen sich etwas kaufen, sofort glauben, sie schenken dem Kaufmann was. Die Ware, die ein solcher Käufer für sein Geld erhält, die achtet er meist nicht. Nein, fühlt er, der andere hat nun mein Geld, dafür kann ich ihm befehlen und kann ihn demütigen. Ich habe gefunden, daß es in den meisten Fällen der plötzlichen Hochnäsigkeit immer nur vom Geld abhängt. Das Geld hat den Teufel in sich, das geht so weit, daß viele Leute sogar ihren Angestellten und Arbeitern, auch wenn sie ihnen einen kargen Lohn zahlen, noch ein Gesicht machen, als müßte der andere sich nun für die Gnade bedanken, weil ihm etwas geschenkt wird. Und das Tolle an dem Geld ist, daß der andere, der dies nun soeben am eigenen Leibe erfahren hat und sogar über solches Betragen geschimpft hat, eine Viertelstunde später ähnlich ist, wenn er sich einen Priem kauft oder eine Wurst oder ein Schuhband. Das wird erst anders mit den Menschen werden, wenn Arbeit, Lohn und Ware Dinge der Allgemeinheit geworden sind. Denn ich glaube nicht, daß es wirklich nur am menschlichen Körperbau liegt, daß der Arme in seinem Leben eher hundert nackte Hintern zu sehen kriegt als ein nacktes Herz.

71

Der Neid ist blind und dumm: Es gibt Menschen, die sind reich, unabhängig und gesund, haben kräftige Glieder, Pferde und Wagen, sie laufen, rennen, hasten und jagen durch die Welt und durch die Zeit. Und sind neidisch, weil sie sich doch nicht leisten können, was vielen anderen Menschen, die arm, abhängig, krank und an einen kargen Ort gefesselt sind, möglich ist: das Weitergehen!

72

Meine Lieben, wir wollen keinen Dichter beneiden, denn es ist alles eitel auf der Erde, am meisten der Ruhm. Die Vögel singen weiter, und es kümmert sie nicht, daß vielleicht ihre Art bekannt ist, doch nie ihre einzelne Persönlichkeit. Aber es ist immer so gewesen. Dies tröste euch in eurem Verdruß, so euch die Mächtigen welchen machen und die Unmächtigen es euch gönnen. In hundert Jahren sieht sich alles einfacher an. Da hat sie alle der Kuckuck geholt. Uns auch. Sela.

73

Intrigen? Wir wollen uns doch nichts vormachen: Intrigen sind immer dort, wo Politik gemacht wird, aber bei einer erfolgreichen Politik gelangen sie nicht zur Wirkung.

74

Nichts stimmt die Menschen verdrießlicher und macht sie rascher zu Gegnern anderer, als wenn sie an diesen Menschen Charaktereigenschaften sehen, die sie selbst nicht haben. Ein Geiziger ärgert sich, wenn er sieht, wie ein Gutherziger reichlich Almosen gibt; ein Dummer wird verstimmt, wenn er hören muß, daß ein Gescheiter zu anderen spricht; ein Mürrischer wird noch grämlicher, wenn er fröhlichen Gesichtern begegnet; ein Sünder nimmt die Existenz eines Gerechten übel und ein Gerechter das Vorhandensein eines unbesorgten Sünders. Der Mensch will eben gern, daß alle anderen Menschen denken, fühlen und handeln wie er; und dennoch wäre der Mensch erst recht verärgert, würde dieser Wunsch Wirklichkeit.

75

Eine der wenigen, absolut bewiesenen Wahrheiten ist, daß der einzelne Mensch von den hundert anderen Menschen hundertmal verschieden und insgesamt ganz anders angesehen wird, als er selbst sich sieht; daß der Mensch aber auch anders ist, als er selbst sich sieht; und daß er außerdem nicht so zu sein vermag, wie er gern sein möchte; jedenfalls nicht auf Dauer.

76

Der Mensch liebt nun mal sein gemachtes Gesicht mehr als sein natürliches. Seltsam, aber es ist so, daß jeder Mensch für sein Leben gern ernst und streng aussehen möchte, anstatt freundlich. Warum eigentlich? Warum setzt der Mensch, wenn er vor einen Spiegel tritt und er ist von Natur freundlich und harmlos, plötzlich ein anderes Gesicht auf, zieht den Mund energisch, streicht den Bart forsch, und wenn er eine Frau ist, dann lächelt er süß. Es geschieht doch wirklich nur, weil der Mensch vorm Spiegel mehr herausbeißen will, als er in sich hat. Jeder will so aussehen, wie er sich sieht, wenn er sich nicht sieht.

77

Wer unter einem freundlichen Gesicht etwas anderes versteht als die übertriebene Höflichkeit des Ostens oder die Liebedienerei rückgratloser, aber gerissener Geschäftemacher, wird nicht abstreiten können, daß das Leben sowohl des einzelnen wie das des Volkes angenehmer und erfolgreicher wäre, bemühten sich die Menschen mehr, freundlich zu sein. Es kommt nämlich nicht darauf an, Höflichkeit und Freundlichkeit nur von denen zu verlangen, die uns beliefern, bedienen oder sonst irgendwie von uns abhängig sind; es kommt ebenso sehr darauf an, selbst Freundlichkeit zu zeigen und gerade dort zu zeigen, wo wir einen wirtschaftlichen und sozialen Vorsprung haben.

78

Die Menschen haben den Sonnenschein lieber als den Regen, sie sind lieber heiter und vergnügt als ernst und traurig. Dennoch vermögen sie menschliche Würde nicht in einem fröhlichen Gesicht zu sehen, die menschliche Würde muß sturer Ernst sein. Ich sah es oft: ein beschränkter Spießer, der seine Tage in brutalem Ernst umbringt wie seine Hammel, ist ihnen lieber als ein fröhlicher Bursche, der seine Tage in heiterer Gelassenheit fängt wie ein Angler seine Fische. Sie meinen immer, die Toren, eine heitere Seele sei nicht zuverlässig, sie fälschen das Leben um in einen allgemeinen Kampf ums Dasein und übersehen, wenn sie dabei auf die Natur verweisen, daß jedes Geschöpf die Lust am Spiel bis in hohe Alter behält. Nur der Mensch nicht.

79

Humoristen sind keine Spaßmacher. Der Humor ist ein König, die Spaßmacher tragen ihm nur die Schleppe oder benutzen seinen alten Schlafrock als Krönungsmantel.

80

Der Mensch, der definieren kann, was Humor wirklich ist, muß erst noch geboren werden. Das kommt wohl daher, daß Humoristen nicht über Humor schreiben können und Schriftsteller, die über Humor schreiben, keinen zu haben brauchen.

81

Auch dies ist eine jener seltsamen Erfahrungen, die der Beobachter an den Menschen machen muß: Die Fröhlichen und Humorvollen, die eine Spanne Zeit ihres Lebens damit verbringen, ihre Mitmenschen aufzuheitern und ihnen das

Leben angenehmer zu machen, übersehen dabei meist, daß die Mitmenschen ein solches Tun zwar genießen, aber durchaus nicht ohne weiteres anerkennen, es im Gegenteil für verdächtig halten.

82

Der Ausdruck heiterer Gelassenheit ist am wirksamsten von allen, die der Mensch zur Verfügung hat, denn er ist nicht zu fälschen. Unbewußt langt die Seele danach, selbst dann noch, wenn das Hirn einen entschlossenen Ernst vorschreibt.

83

Spielen ist nicht, wie kürzlich ein Philosoph in einem Essay beweisen wollte, ein weitergeführter Ernst, sondern: Spielen ist die Betätigung eines frohen Lebensgefühls, eines Gefühls der Überlegenheit des Spielenden gegenüber dem Inhalt und dem Gegenstand des Spiels. Das sehen wir beim spielenden Tier, beim spielenden Kind, bei der Jugend überhaupt, beim schöpferischen Künstler und ganz ausgeprägt beim Humoristen.

84

Den Leib päppelt der Mensch und pflegt ihn und wäscht ihn täglich, und zieht ihm wenigstens jeden Sonntag ein reines Hemde an; mit der Seele ist er nicht so. Die sieht ja keiner, denkt er, und es genügt ihm, ihr alle Jahre einmal, etwa am Heiligabend, das reine Hemd anzuziehen. Dabei ist seine Seele sichtbarer als sein Leib und wertvoller für ihn und sein Fortkommen.

85

Ich habe es nie für ein Vergehen oder ein Verbrechen gehalten, daß einer wankend wurde in seinem Glauben und in seiner Überzeugung. Es sind mir solche, die mit ihrem Herzen und ihrem Gewissen kämpfen mußten, stets lieber gewesen als solche, die da sagten: Es habe sie niemals etwas angefochten.

86

Es gibt noch immer Menschen, die sich schämen zu gestehen, sie hätten Freude am Leben; oder gar, sie wären glücklich. Wenn sie es dennoch bekennen, so fügen sie, gewissermaßen als Entschuldigung, mit an, auch sie hätten erfahren, was Leiden heißt. So weit ist es mit den Menschen durch die Lehre von der gottgewollten Bestimmung der Erde zum Jammertal gekommen.

87

Überzeugungen sind oft nur Schwimmwesten, die sich die Menschen schon umlegen, wenn ihr Lebensschiff noch ganz intakt ist, aus Angst, es könnte doch mal mit einem andern Schiff zusammenstoßen.

88

Es hebt das Lebensgefühl noch des beschränktesten und gleichgültigsten Menschen, wenn er sich einem noch beschränkteren, einem Tölpel, einem Narren gegenübersieht.

89

Es ist schon des öfteren vorgekommen, daß der Mensch, den die vielen dem Gelächter übergaben, daß der Prophet, der verspottet wurde, später als Heilbringer seine Auferstehung feierte.

90

Es trifft nicht zu, daß der Mensch seine Jugend »verliert« oder daß sie ihn »verläßt«. Fast immer läßt der Mensch sie unterwegs liegen und merkt es erst, wenn er zu müde ist zur Umkehr.

91

Wie ist es verkehrt, wenn wir der Menschen Geschlecht und Charakter nur immer nach den Vätern rechten. Wie ist es töricht, wenn der Graf stolz darauf ist, daß einer seiner Vorfahren vor ein paar hundert Jahren eine Schlacht gewonnen hat. Denn zu einem Menschen, daß er da sein kann, gehören immer zwei, und zu jedem der zwei wieder zwei und so fort von Anfang an, da bleibt wohl in ein paar hundert Jahren kaum noch ein Tropfen Blut von den männlichen Vorfahren her. Auch nicht das Vermögen, höchstens der Stolz.

92

Es gibt nichts Größeres und Edleres an Opfer und Verzicht, als es die Liebe einer Mutter zeigen kann. Die meisten Männer machen bei Gelegenheit und vorher oder nachher doch immer ein kleines Gewese mit ihren guten Taten. Davon ist selbst Jesus, des Menschen Sohn, nicht ganz frei gewesen, auch er hat vorher gesagt, daß er ein Opfer bringe für die andern. Seine Mutter Maria aber hat nichts von einem Opfer gesagt, das sie zu bringen habe. Eine richtige Mutter macht das eben so nebenbei ab, als wenn sie den Kindern das Brot schneidet.

93

Es soll kein Mensch die Hoffnung verlieren, und steht er schon am Grabe, solange seine Mutter noch ihren Glauben hat!

94

Gibt es einen Gott, so ist eine liebende Mutter seine sichtbar gewordene Hand.

95

Wie ist eine richtige Mutter doch verschieden von unsereinem, bekannte der alte Grambauer. Sie kann allein durch ihre Liebe ihren Glauben zwingen und kann eine Hoffnung aufwachsen und sich ausbreiten lassen wie eine Sonnenblume, und ist es ihr doch weh ums Herz und blutet. Da läßt sie es eben nach innen bluten, damit ihr Kind kein Blut sehen soll.

96

Ich habe, seitdem mir die Mutter den Begriff der uneigennützigen Liebe offenbarte, in der Frau den echten Teil der Menschheit gesehen. Und ich habe dafür, daß ich es aussprach, das Mitleid und den Spott der Kameraden ertragen, denn das Wesen der Frauen und Kinder, der Hunde und Pferde zeigte mir früh einen sichtbaren Weg zurück ins Paradies der Menschlichkeit aus dem Chaos, das der Mann schuf, seit ihm das Gehirn zum Muskel wuchs.

97

Ich liebe euch Frauen, und nicht nur in den strahlenden Erscheinungen, die mit einem einzigen Blick gütigen Bangens in ihren Augen die Fragen von Tausenden schutzheischender stummer Kreaturen wiedergeben. Ich liebe euch in den Millionen mütterlicher Gestalten, die nur triebhaft das Leben weitergeben. In ihnen allen steht neu die alte indische Weisheit auf und offenbart ihren Sinn: Wo Mütter wachen, können Götter schlafen!

98

Ich glaube, die Verehrung der Frau bei vielen alten Völkern ist auf ihre Wertschätzung als Symbolgestalt des Friedens und der Fruchtbarkeit zurückzuführen, und es ist somit nur natürlich, daß auch unsere Väter die weiblichen Götter nicht nur besonders hoch ehrten, sondern den Frauen ganz allgemein mehr Weisheit und Vernunft zubilligten als sich selbst, galten doch weissagende Frauen bei ihnen mehr als die männlichen Priester. Hätten die Menschen in aller Welt diese Einsicht behalten, es wären der Menschheit sicher nicht nur manche Kriege, sondern auch viele ebenso verhängnisvolle Friedensschlüsse erspart geblieben.

99

Es ist kein Kunststück, tugendhaft zu bleiben, wenn es keine Versuchung gibt. Es wäre wohl auch kein Kunststück, der Versuchung zu widerstehen, wenn es keine Eitelkeit gäbe. Und die schlimmste Eitelkeit befällt den Mann, wenn ihm ein hübsches Mädchen verliebte Augen macht. Dann beginnt er, sein Gewissen zu belügen, daß es keine Treulosigkeit sei, wenn er ein wenig Spaß mache. Und schließlich sagt er sich die alte Lüge als Evangelium her: Einmal ist keinmal! Und zuletzt kann er das ganze Einmaleins nicht mehr richtig.

100

Die geistige Eitelkeit ist noch stets schlimmer gewesen als die körperliche oder die auf Stand und Besitz. Der Fünfzigjährige steht dem Zehnjährigen näher als der Zwanzigjährige. Er steht aber auch dem Zwanzigjährigen näher als der Fünfundzwanzigjährige.

101

Die Gesellenjahre des Herzens beginnen nicht vor den Vierzigern und die Meisterjahre nicht vor den Fünfzigern. Obermeister aber wird keiner vor seinem sechzigsten Lebensjahr.

102

Es kommt im Leben und beim Ansehen des Menschen wohl allein auf den Standpunkt an.

103

Ich weiß, daß kein Mensch dadurch weise und nachsichtig wird, daß er alt geworden ist und brüchig. Ich weiß aber auch, daß viele Menschen grantig und bissig wurden, weil sie alt geworden waren. Darum will ich auch nicht klagen, daß ich bloß noch ein paar Brösel von Zähnen in meinem Mund habe. Weil ich nun doch weiß, wo die Zähne geblieben sind, nämlich, daß ich sie mir wohl an all den Köstlichkeiten von Butterkuchen, Zuckerkand und Lakritzen ausgebissen habe und nicht, wie ich in meinem undankbarem Gemüt früher so manches Jahr gedacht, beim Abknabbern von Schinkenknochen. Es hat eben alles seine höhere Ordnung im Leben, auch daß die Menschen meistens keinen Schinken zu beißen kriegen, wenn sie Zähne haben, und keine Zähne haben, wenn sie Schinken kriegen. Also ist es auch wohl mit dem Reden der Menschen über andere Menschen. Ich halte nicht viel von den anderen Wörtern, die Hörner und Zähne haben. Ein Wort aus einem alten Munde kann daher nicht so leicht eines anderen Haut verschrammen und blutig reißen. Es hat eben alles sein Gutes. Und gerade das, was nicht da ist, hat oft sein besonders Gutes.

104

Es mag freilich an dem sein, daß die Wörter aus einem alten Maul nicht alle verständlich sind. Weil sie zu leise und zu vernusselt kommen. Aber leben nicht ihrer viele tausend Menschen mit feinen Ohren, die hinwiederum nicht eine junge Schnauze verstehen können, weil sie zu laut und zu deutlich ist?

Ebenso ist es mit der Lobpreisung des scharfen Blickens. Meine Augen sind klar und scharf geblieben bis ins hohe Alter, und ich habe in mich hineingesehen und umher, und in die Nähe und Ferne. Und ich habe gefunden, daß man besser sieht, wenn man die Augen ein weniges zukneift. In der Jugend, da reißt man die Augen eher zu weit auf, da kann man nicht genug sehen, und nicht weit genug, und sieht doch weniger vom Leben als der, welcher hin und wieder wenigstens ein Auge zumacht. Es ist seltsamlich, aber es ist so: alles wird klarer und runder und schöner im Leben, wenn man öfter mal ein Auge zudrückt. Mitunter ruhig alle beide.

105

Wenn ich einmal sehr alt bin, wirklich sehr alt, hundert Jahre etwa, und hinfällig, will ich dennoch nicht den Tod preisen, höchstens ihn suchen. Preisen will ich mit dem letzten Atemzug DAS Leben! Und sei es noch so unvollkommen.

106

Der Mensch tröstet sich auf vielerlei Art über die Vergänglichkeit. In seiner Jugend verschließt er die Augen gern vor der Begrenztheit dieses Lebensabschnittes, indem er die

Vorzüge des Jungseins in die Höhe und in die Weite hebt und mit ihnen das Kommende überdeckt. Der gereifte Mann belächelt den Überschwang, der meist nur kurz hinter ihm liegt, und reckt sich im Vollgefühl seiner Kraft über Jugend und Alter so weit hinaus, daß er seine Empfindungen und Erkenntnisse als ewige Wahrheiten und unveränderliche Wirklichkeiten ebenso der Jugend wie dem Alter aufzuzwingen immer wieder geneigt ist.
Und von den alten Menschen sind nur wenige, die in Weisheit und Güte zugleich das Vergängliche, das unser aller Los ist, im Wesen und Tun der Jugend und des Mannes ebenso begriffen sehen wie in ihrem eigenen; die meisten der Alten greinen über den Platz, der ihnen nun beschieden ist, über den Unsinn, den die Jugend verübt, über das Verkehrte, das die Söhne anstellen. Die meisten alten Menschen beziehen die unaufgeräumte Wohnung des Altenteils ihrer Eltern – mit all den Lebensängsten und der angeblich naturnotwendigen Vereinsamung, die diese Einrichtung mit sich bringe. Sie sollten sich ein Beispiel an den alten Häfen nehmen.

107

Alte Häfen sind nur rein äußerlich die Fortsetzung einer einst jung gewesenen Entwicklung, sie sind in ihrem Innern ein besonderes Leben.

108

Der Greis: Das Schönste im Leben sind die Erinnerungen.
Der Mann: Der Mensch behüte sorglich seine Erinnerungen, denn jedes Gestern hat den Drang, sein Heute zu verdecken, mit Licht ebenso wie mit Schatten. Der Jüngling: Was läge viel daran? Jedes Heute, das nicht im Lichte eines besseren Morgen steht, ist bereits ein Gestern.

109

Alles ist relativ in diesem Leben; und auch die Begriffe vom Schönen im Fühlen und Schauen unterliegen der Beeinflussung und Veränderung, sind als Äußerung seelischer Gezeiten abhängig von den wechselnden Anziehungskräften des Geistes und der Materie.

110

Meistens merken die Menschen erst, daß sie zu altern beginnen, wenn sie an die Fünfzig sind; nur, daß sie dann vor der Zahl erschrecken, nicht vor dem Bestand, den sie darstellt. Darauf leben sie eine Zeit in Nachdenklichkeit, und dann fangen ihrer viele an, rascher zu laufen, als hätten sie etwas einzuholen, wie damals, als sie als Jungen losrannten. Nur ist es diesmal so, daß sie nicht das Leben zeitiger einholen, sondern den Tod. Je rascher sie laufen, um so schneller erwischen sie ihn, und er ist boshaft genug, sogar stehenzubleiben, damit sie ihn rascher einholen, und ich habe welche gekannt, denen ist er noch entgegengelaufen. Da ist es gut, meine ich, daß der Mensch der Bremsen achtet in seinem seelischen Getriebe. Sonst erlebt er, daß die Bremsen seines körperlichen Getriebes das ganze Fahrzeug blockieren.

111

Könnte man alle unduldsamen Propheten und Apostel in der entscheidenden Zeit ihres Lebens zwingen, ein Jahr lang hinter der Sense oder hinterm Pflug zu gehen, es wäre aus ihnen wohl stets ein brauchbarer Gegenstand geworden.

112

Alles Mühen, die Klüfte zwischen den Schichten eines Volkes zu überbrücken und die Völker der Erde einander näherzubringen, damit sie sich verstehen und in Frieden leben, das schöne Beginnen, die Errungenschaften der Technik, Wissenschaft und des Verkehrs nutzbar zu machen zur fortschrittlichen Gestaltung auch des Volks- und Völkerlebens, der Stolz auf die bessere Moral unserer Zeit, die größere Toleranz, den freieren Geist, all das muß Gerede bleiben und ohne Frucht, wenn es nicht gelingt, den Einzelmenschen duldsamer und verständnisvoller zu machen und den Pharisäer in ihm zu ersticken, der immer noch gern an die eigene Brust schlägt und Gott dankt, daß er besser ist als die anderen. Hier ist das Werk zu beginnen.

113

Der Mensch ist in seinem Herzen erst reif für das Leben mit anderen Menschen, wenn er zweierlei nicht mehr gegenüber seinen Mitmenschen ist: kein Gendarm und kein Pastor! Was mir die Gendarmen und die Pastoren verzeihen mögen. Denn des Menschen Hand soll nicht nach des andern Menschen Tun fassen, um es gewaltsam zu ändern, soll aber den Sünder auch nicht fallenlassen, sondern seine Hand soll geöffnet sein wie sein Mund, und sei es auch nur zu einem fröhlichen Gruß!

114

Stärker wirkend noch als die hehrste Güte ist die einfache tätige Milde. Weil alle überzeugende Vernunft in ihr beschlossen liegt.

115

Was ist sie wirklich, die menschliche Vernunft? Sie war und ist und bleibt ewiglich die aus Überlegungen und Erfahrungen gezogene Erkenntnis von der organischen Verbundenheit menschlichen Daseins; eine Erkenntnis, die zur Gestaltung des Daseins wirksam nur angewandt werden kann, wenn sie vom warmen menschlichen Gefühl durchblutet ist und vom Willen zum Verstehen gelenkt wird. Das allein ist menschliche Vernunft.

Unvernunft aber ist, wenn die knospenden Zweige schreien: Wir allein sind der Frühling, das neue Leben, was gehen uns die Äste an, was will der graue Stamm, der so unveränderlich steht, was wollen gar die stummen und unsichtbaren Wurzeln? Doch die Natur, redete sie schon, sie spräche nicht solchen Unsinn. Der Mensch nur ist's, der so prahlt, und besonders der junge, von der Not und der Politik verrückt gemachte Mensch.

116

Nur der hilft in Wahrheit, der es aus dem Herzen tun muß, ohne es zu wissen.

117

Ohne ein persönliches Opfer hat jede gute Tat nur halben Wert.

118

Der Mensch muß oft unfreiwillig Dinge verrichten, die ihm das Schicksal gern dann aufgibt, wenn er erklärt hat, er würde sie freiwillig niemals tun, weil er es nicht kann. Unfreiwillig gelingen sie in der Regel auch besser.

119

Liebe Freunde, Freiwilligkeit ist immer gut, denn sie will handeln und immer mit denen sein, deren Leben geringer und schwerer ist als das eigene. Die große Freiwilligkeit kennt daher keine Lust zu befehlen und keinen Zwang zu gehorchen, sie erfüllt den Menschen und macht ihn eins mit seinen Mitmenschen, mit seinem Volk, mit dem Leben überhaupt.

Die große freudige Freiwilligkeit muß ein jeglicher als den tätigen Sinn des Lebens in sich selbst fühlen und muß den Mut haben, ihr zu leben und so den Sinn seines eigenen Lebens zu erfüllen, ohne die anderen in ihrem oft noch anderen Lebenssinn zu stören. Bis sie von selber hinschauen zu dem freundlichen Nachbar. Das ist es. Denn nur in einem freiwilligen Tun wohnt das Gute, ist Gott.

120

Meine Lieben, es ist nach meinem Dafürhalten mit dem Leben nicht so, wie es die Dichter und Prediger gern sagen. Nämlich, daß des Menschen Lebenslauf ist wie ein Weg, welcher über einen Berg geht, der in der Mitte des Weges liegt, so um die Jahre fünfzig; und daß sich der

Weg dann wieder bergab neigt, bei dem einen steiler und schneller, bei dem anderen langsamer. Nein, so ist es nicht. Es ist vielmehr für alle so, wie es schon im Leben für Menschen ist, welche aus der Ebene sind und aus dem Bruch. Nämlich, daß da überhaupt kein richtiger Weg ist, höchstens ein Pfad im Gras oder ein Feldweg auf dem Acker. Und es sind keine Wegweiser da und sagen an: dahin soundsoviel Kilometer, dorthin soundsoviel Meilen. Nein davon ist nichts da.

Es ist mit dem Lebensweg so, daß du gehen mußt in deinem Drange, und sollst dir aus deinem Inwendigen heraus des rechten Weges bewußt sein. Und wirst dennoch hin und wider von deinem Wege abkommen und wirst einen andern Weg finden und glauben, es ist derselbe, oder glauben, das ist erst der rechte.

Und es macht auch nichts aus und ist im Grunde immer wieder derselbe Weg und führt die gleiche Straße, und sie gehen durch das eine Leben, welches köstlich war, wenn es voll freudiger Freiwilligkeit gewesen ist, trotz Mühe und Arbeit. Der Mensch ist niemals am Ziel, und wird er auch neunzig und hundert Jahre alt. Das aber ist das Schöne am Leben.

121

Es sind nicht nur straffällige Jugendliche, die für ihre Verkennung der Wirklichkeit die Literatur verantwortlich machen. Und es handelt sich bei der beschuldigten Literatur durchaus nicht immer um amerikanische Schundhefte. Es gibt sogar Leser, die behaupten, nur dadurch im bürgerlichen Leben nicht vorwärtsgekommen zu sein, weil sie zuviel in der Bibel gelesen und zu genau die Tugendlehren befolgt hätten.

122

Wenn der Mensch glaubt, es sei Zeit für ihn, seßhaft zu werden, ist es in vielen Fällen Zeit für ihn, weiterzugehen.

123

Ich glaube, daß es ein Unsinn ist, nach dem Sinn des Lebens zu fragen, wie auch ich das früher getan habe. Weil es nicht gut einen einzigen Sinn des Lebens für alle geben kann, denn es gibt doch nicht dasselbe und gleiche Verhältnis zur Erde für alle jene Menschen, welche die Erde betreuen müssen oder sie lieben. Ich erlebte es so viele Jahre, wie ein Mensch ein Sohn der Erde sein mußte, ein anderer ihr Knecht, ein dritter ein Landstreicher, ein vierter aber ihr Herr sein durfte. Ich sah, daß manche Menschen Blumen sind auf der Erde, manche Feldfrüchte, manche wohl bloß Unkraut. Und ich weiß, daß alle wieder einmal untergepflügt werden, haben sie ihre Gestalt auch noch so verändert.

124

Es ist mir schon zeitig aufgegangen, daß kein sterblicher Mensch imstande sein kann, die Frage nach dem Sinn des Lebens richtig zu beantworten. Denn es gab fast mein ganzes Leben lang bloß einen für alle Menschen zurechtgemachten Sinn des kirchlichen Lebens, einen für alle zurechtgemachten Sinn des staatlichen Lebens und allgemeine Gesetze für das Inwendige des einzelnen, die aber für alle gelten sollten, und die forderten Redlichkeit, Nachbarlichkeit, Menschenliebe, Opferwillen und so weiter. Mit dem Sinn des Lebens aber hatte das nichts zu tun. Was sie meinten, war bloß der Sinn des Zusammenlebens zum Nutzen der Mächtigen.

125

Alles was da ist, ist nur Saat oder gar nur Dünger für die Saat der Kommenden! Das aber will meinen: Auch die Kommenden sind nur wieder die Vergehenden, ein zeitliches Stückchen vom Sinn des Lebens, und sie haben einst nur weiterzugeben, was sie durch uns empfingen: ihre Aufgabe und ihres Lebens Sinn, Saat zu sein oder Dünger.

126

Wie herrlich ist doch das Unbewußte dem Bewußten überlegen, das Ungewisse dem Gewissen, die Nacht dem Tag! In der Stille hört der Mensch mehr als im Lauten, in der Nacht kann er weiter sehen als am Tag, fühlt und hört er sogar die Seelen der Dinge. Stärker als das Vergehen ist das Dasein, stärker als das Dasein ist das Werden, und das Leid aller Kranken und die Angst aller Sterbenden ist nichts gegen den ungeheuren, ewigen Zeugungswillen der Natur, der im Atem der Nacht lebt und nach der Kreatur langt.

127

Am schönsten gibt einem das Leben die Hand, wenn es sich dazu eines Sterbenden bedient.

128

In dem, was wir Leben nennen, scheint mir das nun so zu sein: Die Kirchen müssen wohl Gesetze erlassen, da sie ja Gemeinden sind und das gemeinschaftliche Kirchenleben zu regeln haben; vielleicht müssen sie darüber hinaus auch Gebote haben, um mit »Du sollst – Du sollst nicht – Was ist das?« den Verkehr mit einem für alle zurechtgemachten Herrgott zu regeln. Aber ihr Fehler scheint mir zu sein, daß sie auch den Weg dorthin ein für allemal und für jeden festsetzen.

129

Allerdings setzen die Kirchen den Weg zu ihrem Gott fest mit Vorfahrtrecht für die Großmächtigen. Sie lehren Regeln und taufen die Menschen nach Regeln und sagen dann: Nun gehörst du zur Gemeinschaft der Gotteskinder und hast Anspruch auf seine Gnade und auf Erlösung! Worauf der Getaufte sich nicht weiter zu inkommodieren braucht, denn wozu? Er ist Gott ja in die Nähe gerückt worden, oder doch einem Bild von ihm, und er denkt gar nicht daran und weiß wohl auch nicht, wie er das nun machen soll: als kleiner duckmäuserischer Erdenwurm in einem allmächtigen Gott zu leben, so daß es demselben wohlgefällig ist. Was auch, so meine ich, gar nicht geht. Nämlich der Mensch soll sich nicht von einem Gott nähren, den herrschende Menschen gemacht haben, und soll nicht Gutes tun, weil dieser Gott es in Geboten fordert, welche auch die Menschen gemacht haben, sondern er soll Gutes aus Freiwilligkeit tun, und soll solches schön finden aus Eigenem, und soll so den Gott in sich selbst entdecken und wachsen lassen und in Freudigkeit fühlen, daß er in ihm und von ihm und lediglich durch ihn lebt. Ich meine, das ist der große Unterschied.

130

Es ist schwer, in der Zeit des Zusammenbruchs eines ganzen Volkes zu geben. Es ist noch schwerer zu nehmen. Leichter ist es schon zu schlafen, im Walde, in einer Scheune, in einem Stall, auf einem Hausflur. Und köstlich ist es, wird von wildfremder Hand gar eine Matratze auf den Fußboden gelegt und eine Decke gereicht. Dann greift der alte Glaube an das Gute im Menschen nach den paar Lichtfunken in dieser Wirklichkeit aus Finsternis, Elend, Eigensucht und Niedrigkeit und besteckt damit das letzte Trümmerstück aus dem Sternenhimmel eines Menschheitstraumes.

131

Die Erde wäre längst entvölkert, glaubten die Menschen nicht immer wieder, übern Berg zu sein, obwohl sie noch nicht einmal im tiefsten Tal sind.

132

In meiner Heimat, in der Lausitz, sagten die Menschen, die Weber seien die größten Hungerleider und die ärgsten Rebellen. Das komme daher, weil die Herren einen Weber nicht betrügen können mit ihrem Aussehen. Einen Weber, sagen sie, der sieht keine Uniform und keinen Talar, der sieht zuerst nur ein Tuch und ein Leinen. Und ob es gut gewebt ist und wovon. Der sieht auch sofort, ob die Herren so glänzend sind nur von aufgenähten Kordeln und Silberkram. Der sieht des weiteren, daß sie unter dem Stoff krumme Beine haben und dicke Bäuche. Der sieht, daß sie nackt sind aus dem Mutterleib gekommen wie gewöhnliche Menschen auch. Der sieht sie in den Windeln liegen und unter sich machen und im Grabe liegen, wo sie endlich auch nur ein Lager erhielten wie ein gewöhnlicher Mensch. Und alle haben das gleiche Gewand an aus Leinen. Und läge nicht Erde auf allen, röchen sie alle gleich: Bettler, Bauer, Edelmann.

Jedes Heute,
das nicht besser ist als sein Gestern,
verdient nicht,
sein Morgen zu sehen

133

Vergangenheit und Gegenwart, Erinnerung und Wirklichkeit sollen immer, treffen sie sich nach langem Getrenntsein, sich so gegenüberstehen. In schönen Novellen erzählen die Dichter gern von Menschen, die in der Jugend heiß sich liebten und im Alter versuchten, das unverändert bewahrte Bild mit der neuen Wirklichkeit in Übereinstimmung zu bringen – ein Unterfangen, das stets mit einer wehmütigen Enttäuschung endete.

134

Nicht nur der Flug in den Weltraum, nein auch ein Erdbeben kann eine Aufgabe erfüllen.

135

Martin Grambauer, könntest du schon denken wie man es später die Kinder lehrte, einfach, furchtlos und frei, nur deinem Gewissen verantwortlich, du würdest dir sagen, der Teufel kann gar keine Zeit haben, kleine Jungens zu strafen, er käme ja, gäbe es ihn, von den Nacken der falschen Priester und großmächtigen Herren gar nicht herunter.

136

Das Licht, das in der Jugend im Menschen angezündet wird, vermag auch hell genug zu brennen, um einen ganzen Lebensweg zu beleuchten und dabei die Aufgaben eines Menschen in seinem Volke und eines Volkes innerhalb der Menschheit erkennen zu lassen.

137

Ich hatte schon früher gefunden, daß in den einfachen Kreisen unseres Volkes eine ganz seltsame Scheu lebendig geblieben ist vor den Angehörigen zweier Berufe: vor den Richtern und vor den Geistlichen. Vielleicht liegt es wirklich nur am Talar, an einem Amtskleid, das seinen Träger von allen Menschen abgrenzt und entfremdet, ganz gleich, ob diese anderen graue Arbeitskittel tragen oder feine Straßenanzüge.

138

Ärzte, Rechtsanwälte und Geistliche bekommen mit der Staatsprüfung eine Berufsmaske geliefert, die Jovialität, Herzlichkeit und Zuversicht ausdrücken soll, und die setzen sie auf, sobald der Patient oder Klient sie etwas angeht, der Fall selbst aber aussichtslos ist.

139

An einem schwarzen, würdevollen Rock sieht man die Flecken leichter. So rächt sich das Leben.

140

Das Leben vermag stets besser zu spotten als der beste Spötter.

141

Immer wenn das Neue in die alternde Vorstellungswelt der Menschen bricht, glauben sie, oder doch ihre Dichter, eine Art Himmel habe sich der Erde zugeneigt und umfange sie liebend, gewillt, ein endlich glückliches Geschlecht zu zeugen. Durch die ganze Geschichte der Menschheit gehen diese hohen Zeichen, bei denen früher die meisten Menschen jedoch nur als Zufallsgäste mit an der Hochzeitstafel saßen, ganz unten, zumeist an den für Arme, Bettler und Landstreicher bereitgestellten Sondertischen auf der Tenne. Doch auch sie sprachen nachher stets gern von den köstlichen Gerichten in den kostbaren Gefäßen auf den festlichen Tafeln, obwohl sie weder davon gekostet, noch sie auch nur gesehen hatten.

Sie erlagen der Kraft der Legende. Welche Kraft seltsamerweise weiterzeugend dort am stärksten wirksam wurde, wo von anderen Menschen die Kraft der Vernunft zur Zerstörung einer Legende entfaltet wurde.

142

Das Bewußtsein, in die große Einheit des Lebens eingefügt zu sein und mit Tier und Pflanze etwas Gemeinsames zu haben, gibt dem Menschen eine große Sicherheit. Er wird im Umgang mit anderen Menschen zwar immer zurückhaltend, jedoch niemals befangen sein. Menschen, die in Selbstverständlichkeit zu jedem Menschen in der gleichen Art sprechen, ob er Fürst, Minister, Pastor oder Arbeiter ist, strahlen diese Sicherheit aus. Warum nur so wenige Menschen diesen Weg zum Glücklichsein gehen?

143

Da man die Menschen mit Gewalt unglücklich gemacht hat gegen ihren Willen, muß man sie auch gegen ihren Willen glücklich machen, und sei es mit Gewalt.

144

Als ich eines Sommersonntags in Berlin einen Ausflug machte, fing es ganz unerwartet an, gewaltig zu regnen. Hunderte bisher vergnügter Menschen wurden naß und übelgelaunt. Da sagte ein unbekannter Mann: »Ach was!« und stimmte mit schönem Bariton ein Lied an: »Freut euch des Lebens ...« Nur ein paar Gesichter hellten sich auf, die anderen verfinsterten sich erst recht, und ein paar besonders Verärgerte verbaten sich die Verhöhnung, wie sie das Tun des triefenden Sängers nannten, ja sie drohten sogar, als der fröhliche Mann nicht aufhörte, gegen ihn tätlich zu werden. Es ärgert mich, daß ich nicht ergründet habe, ob der vergnügte Sänger ein gütiger Menschenfreund, ein boshafter Menschenkenner oder nur ein harmloser Lebenskünstler war.

145

Es bleibt sich gleich, ob einer rasch durchs Leben fährt oder nicht. Der Rasche kann wohl mehr Aufnahmen machen als der Langsame, und er hat auch mehr Sorten im Kasten. Aber wenn er sie richtig besieht, muß er feststellen, daß die meisten Aufnahmen, die er während der Fahrt gemacht hat, flüchtig und verzerrt sind und die guten allein von jenen Plätzen stammen, wo er Aufenthalt genommen hatte. Meistens kann er auch noch feststellen, daß er sich bei der schnellen Fahrt die Augen und das Herz rascher ruinierte.

146

Es sind wohl doch nur die Greiner, die behaupten, das Leben liebe es, seine härtesten Nüsse den Menschen dann zum Aufknacken zu geben, wenn sie noch Milchzähne haben oder gar keine mehr. Die Toren kommen nur nicht darauf, statt an die Zähne zu denken, gleich nach einem Hammer oder Stein zu suchen.

147

Du kannst nicht auf den Feind losstürmen, wenn du nicht zuvor den Drahtverhau vor deiner eigenen Stellung wegräumst.

148

Feinde sind nicht nur vor uns, sie sind auch um uns und hinter uns; meistens gerade dann, wenn wir es nicht vermuten, und das sind die heimtückischsten.
Geh geradeaus, sieh nicht nach rechts und links und nicht zurück! Das ist ein schöner Spruch, gewiß, aber ich sage dir, sieh gerade beim Geradeausgehen öfters nach rechts und links und auch mal zurück! Dann wird dir manches erspart. So schön Vertrauen ist, du aber neigst zur Vertrauensseligkeit, lieber Junge!

149

Man trifft die Angst vor der persönlichen Verantwortung ganz allgemein in der Politik und im Wirtschaftsleben. Ein Lokomotivführer, der einen Zug ins Unglück fährt, wird verhaftet und eingesperrt; ein Schofför ist verantwortlich, weil er die Torheiten von Fußgängern nicht voraussieht; ein Postschaffner wird mit Gefängnis bestraft, wenn er einen ihm anvertrauten Brief nicht am selben Tag auf dem Amt abliefert; ein Werkmeister, der aus seiner Abteilung nichts herausholt, fliegt. Minister und Oberbürgermeister aber, die aus Unfähigkeit versagen, gehen in Pension; Generaldirektoren, die ihre Gesellschaft zugrunde gerichtet haben, treten in andere Unternehmungen ein. Keiner bekennt sich zur persönlichen Verantwortung, und, was ebenso schlimm ist, kein Außenstehender zieht ihn zur Verantwortung! Ist es nicht in der Tat so, als habe uns eine böse Krankheit geschlagen? Es handelt sich ja nicht darum, Unfähige und Schädliche von leitenden Stellen zu entfernen und sie der Strafe zuzuführen, es handelt sich um weit mehr: Es geht darum, den Glauben zu bewahren, daß jeder Mensch für seine Handlungen einzutreten habe!

150

Viel Leid gibt es in der Welt, viel Unrecht und viel Empörung. Man sagt, alles Leid wolle zusammen, wie das Wasser aus Bächen und Strömen. Es wäre weniger Leid in der Welt, käme auch alle Empörung zusammen.

151

Sie schauen nach oben und warten auf Hilfe? Die Himmelsnarren, wer zwingt sie, Erlöser zu sehen? Solange Menschen hungern und fronen, hat keiner einen Himmel über sich zu haben, hat einen Willen nur in sich zu haben: mit allen Mitteln Gerechtigkeit zu bringen in irdische Dinge!

152

Alles, was sterben will, sieht zuerst Gott. Was aber leben will, sieht zuerst den Menschen!

153

Den schöpferischen Mut, nach einem Zusammenbruch neu zu beginnen, und die berechtigte Hoffnung, Erfolg zu haben, hat wohl immer nur der, der alles verloren hat.

154

Es sind viel mehr menschliche Trümmerziegel aus dem Zusammenbruch brauchbar und zum Wiederaufbau zu verwenden, als man glaubt. Aber – der Hammer will gehandhabt sein.

155

Es gibt Menschen, die unwillig den Kopf schütteln, wenn sie hören, daß in unseren Tagen von den alten Göttern geredet wird, als habe es sie wirklich einmal gegeben. Mit ihnen ist nicht zu rechten, denn sie sind im Recht. Zeus und Aphrodite, Wotan und Hertha, Wolos und die Rusalken, Vitzliputzli und Tanantzin, Taaroa und die Atuas werden dennoch wie der Weihnachtsmann, der Osterhase, der Klapperstorch und die Englein weiterleben. Was in Sage, Märchen und Liedern und in den Völkern selbst seit Jahrtausenden lebendig geblieben ist und seine ursprüngliche Naturkraft sich bewahrt hat, das ist und bleibt wirkliches Leben des Volkes.

156

Aus der Tatsache, daß das Menschenopfer bei allen Völkern als das wertvollste galt, geht eine gewisse Wertschätzung selbst noch des Gefangenen und Sklaven hervor. Waren nun aber die Götter durch die Darbringung von gewöhnlichen Gefangenen, Sklaven und Kindern nicht gefügig zu stimmen, so konnte das Volk wertvollere Opfer fordern, und als wertvoller galten für die geringen Menschen eben die Vornehmen und Reichen, bis hinauf zu den Töchtern und Söhnen des Königs. So waren die kleinen Leute denn auch im Gegensatz zu den Großen wohl immer von Herzen froh, wenn der Gott ein gewöhnliches Menschenopfer verschmähte, denn Ehre hin, Ehre her, es wurde nun auf jeden Fall ein Bedrücker weniger. In ganz hartnäckigen Fällen forderte das Volk sogar die feierliche Opferung seines Königs. So haben die Schweden, als eine große Hungersnot das Land zu vernichten drohte, ihren König Domaldi mit seiner Zustimmung feierlich geschlachtet und ihren Göttern als Brandopfer dargebracht. Es soll geholfen haben. Dennoch ist beim Brauch des Menschenopfers überall zuerst als unmoralisch das Königsopfer abgeschafft worden; die Priester hatten herausgefunden, daß gewöhnliche Menschen, richtig serviert, auch dem verwöhntesten Geschmack eines Gottes genügten. Dabei ist es denn auch geblieben. Und es kommt heute, da es doch gar keine Götter mehr gibt, nur auf das richtige Darbringen an, und Menschenopfer gehören sogar zur Kultur des Abendlandes.

157

Wer ist ein Heide, wer ein Gerechter? Ist gut der eine, ist der andre nicht schlechter. Nichts trennt die Gerechten somit von den Heiden, es wohnen im Menschen doch immer die beiden.

158

Die Menschen sind seltsam: sie bezeichnen einen Menschen, der seine Mutter nicht liebt und respektiert, als unsittlich und verroht und können gleichzeitig in der tugendhaftesten Gesellschaft gestehen, daß sie in keinem Verhältnis zur Natur leben.

159

Das Behagen am guten Tun und erst recht das Behagen am Opfer entwertet jede gute Tat.

160

Würden wir uns weniger um die Menschheit und mehr um die Menschlichkeit sorgen, ginge es den Menschen besser.

161

Wenn du einen beim unrechten Tun erwischst, dann schlag ihm auf die Finger! Schlag aber feste, und kehre dich nicht daran, daß das Unrecht wiederschlägt und niemals dem verzeiht, der es ertappt hat! Es gibt auf der Welt nur zwei Dinge, die im Augenblick ihres Geschehens das Unrechttun in Recht verwandeln: wenn einer stiehlt, um hungernden Kindern Essen zu verschaffen und um dadurch Hilflosen zu helfen!

162

Ich sage euch, der Geist wird doch siegen, ganz gewiß immer dann, wenn sich ihm ein ehrliches Herz zugesellt. Und ganz bestimmt dann, wenn dazu auch noch Mut kommt. Allerdings nicht bloß der Mut, der dreinschlägt, sondern auch der Mut zum Bekennen, daß einer dreingeschlagen hat, und warum.

163

Die Sache der Armen kann nicht gelingen, wenn sie mit Sanftheit geführt wird.

164

Allein wer gehungert hat, kann der Menschheit sagen, was Hauptsache auf Erden ist.

165

Immer hat den furchtbarsten aller Kriege zu führen, wer die Sache der Armen verficht! Wer das erfuhr, weiß: Nie wird sein Sieg mit Botschaft, Aposteln und Überredung erreicht. Er muß erkämpft werden mit Gewalt, geballt aus Haß!

166

Alles, was hat, und wenn es nur Scherben hat, ist Todfeind immer noch dessen, der nichts hat! Es ist vom Menschen die fürchterlichste Wahrheit und darum die versteckteste.

167

Alle Versuche, notleidenden Mitmenschen mit geistlichen oder künstlerischen Mitteln zu helfen, müssen auch beim besten Willen auf beiden Seiten ohne Erfolg bleiben, wenn des Menschen Leib schwere Not leidet!
Eine Unterhose, ein paar heile Stiefel und ein Napf warmes Essen können bessere Gaben auch für die Seele eines ar-

men Menschen sein als alle Schätze aus Kunst und Wissenschaft und Religion.

168

Die ärztliche Standeswürde ist verbrämt mit dem Wahn des selbstlosen Menschenfreundes, sie ist zerknittert und hat Löcher, wenn darunter der warmblütige Mensch fehlt.

169

Welch ein Lebensfremdling oder Pharisäer muß der sein, der sich verwundert oder gar entrüstet, wenn da einer, den das Leben schon bei der Geburt sozusagen auf die allerbescheidenste Seite des Daseins gelegt hat, versucht, durch List und Mogeleien nicht nur zu verhindern, daß zuviel Stücke aus seinem Fell geschnitten werden, wenn er sogar bestrebt ist, mit Hilfe solcher Listen und Mogeleien möglichst viele Stücke aus der Haut anderer zu schnippeln!

170

Menschen, die aus Not hungern und frieren, dürfen über das Essen anders denken als reiche Leute, die aus Laune oder wegen ihrer Gesundheit trocken Brot und rohe Rüben essen.

171

Als die ganze gesittete Welt gegen die Hinrichtung Saccos und Vancettis protestierte, weil sie entweder von der Unschuld der Verurteilten überzeugt war oder doch die Vollstreckung des Urteils nach sieben Jahren für eine mittelalterliche Grausamkeit hielt, hatten die Machthaber drüben dafür nur ein Achselzucken. Wir Europäer haben uns deshalb nicht verleiten lassen, das amerikanische Volk für solche Unmenschlichkeiten verantwortlich zu machen, wir sollten es uns in Europa aber zur Pflicht machen, die moralische Bevormundung der Welt abzulehnen, die von drüben immer wieder versucht wird. Diese Bevormundung ist das Produkt einer durch nichts gerechtfertigten Überheblichkeit, und sie wirkt deshalb so unausstehlich, weil sie

nicht nur eine Unterbewertung der staatlichen und politischen, sondern auch der menschlichen Eigenschaften des Europäers einschließt.
Europa ist müde und stirbt, werfen sie sich drüben in die Brust, und bei uns wird es nachgeplappert. Es ist Bluff und Literatengeschwätz. So sehr Europa auch in politischen Gegensätzen und in wirtschaftlicher Zurückgebliebenheit stecken mag: das Vorbild einer weiter entwickelten Zivilisation, das uns von drüben bei jeder Gelegenheit entgegengehalten wird, riecht noch für eine Reihe von Jahren nach – Petroleum. Auch wenn es mit Freiheit, Humanität, Demokratie und Selbstbestimmungsrecht parfümiert ist.
Solche Dinge einem Volke zu sagen, das, wie das deutsche, für schimmernde Äußerlichkeiten nicht unzugänglich ist, heißt auch, Dienst an seinem Lande zu tun.

172

Das Streben nach sozialer Gerechtigkeit und Fürsorge auch gegenüber den alten Haustieren breitet sich immer mehr aus. In Leipzig hat sich ein Komitee gebildet, daß aus Mitgefühl mit den armen alten Pferden beschloß, dieselben schlachten zu lassen und zu essen.

173

Ich hatte gelernt, daß man in Amerika jeden Menschen in seiner Arbeit achte. Das ist richtig, aber auch hier ist es, wie es überall in der kapitalistischen Welt ist: man ist nicht überheblich gegenüber den Angehörigen des eigenen Berufes, aber unterheblich gegenüber allen, die mehr verdienen als man selbst, wobei die Art des Verdienens allerdings keine Rolle spielt. Ein Steward der ersten Klasse des Schiffes kann daher auch auf einem amerikanischen Schiff unmöglich einen Steward der dritten Klasse als gleichstehend ansehen; ein Maschinist darf keinen Umgang mit einem Heizer haben; ein Heizer nicht mit einem Trimmer oder Schlepp; der Matrose, und ist er gleich nur Deckarbeiter, sieht nichtachtend auf den Küchenarbeiter, und noch der Suppenkoch der ersten Klasse belächelt den Berufsstolz seines Bratenkollegen von der dritten Klasse. Ein Mann der Wallstreet drückt gelegentlich seinem Clerk die Hand, wenn es gesehen wird, hütet sich aber, einem anderen Manne aus der Wallstreet die Hand zu geben, auch wenn er nicht gesehen wird, ihm jedoch bekannt ist, daß dieser andere nur hunderttausend im Jahr macht.

174

In kapitalistischen Ländern wird der Arbeitswert menschlicher Gliedmaßen nicht von denen bestimmt, denen diese Glieder gehören.

175

Wenn gute Reden sie begleiten, dann fließt die Arbeit munter fort, sagt Schiller. Das mit dem munteren Fortfließen mag sein, doch die Arbeit wird nicht gerade gut dabei werden. Der wahrhaft Tätige ist still bei der Arbeit.

176

Keinem Irrtum unterliegen die Menschen und Völker so leicht wie jenem, es müßten mit einer Veränderung ihrer Obrigkeiten sich ohne weiteres auch ihre Verhältnisse ändern, und darunter verstehen sie lediglich, sie müßten sich bessern.

177

Es gibt Hunderttausende in allen Ländern, die für ihre Zahnschmerzen die sozialen Verhältnisse verantwortlich machen und für einen verregneten Sommer ihre Regierung. Jedoch immer nur dann, wenn ihre Partei nicht in der Regierung ist.

Die Armut allein erzieht nicht immer Rebellen gegen eine Ordnung, die zu gleicher Zeit Armenhäuser und Schlösser baut; und dazu Kirchen baut, in denen den Bewohnern der beiden so unterschiedlichen Gebäude, wie es Hütten und Paläste sind, der völlig gleiche und sehr wohnliche

Himmel verheißen wird. Es sind auch nicht ausschließlich Armenhäusler, die bezweifeln, daß das Gottes Wille sei, und meinen, es sagten wohl nur Menschen, die nicht in Armenhäusern wohnen.

178

Die Religion ist in allen Teilen der Erde zuerst zur Tröstung der Priester da. Deshalb treten diese allerorten so entschieden für ihre Erhaltung ein.

179

Liebe dein Land, so klein und arm es auch geworden ist. Liebe dein Volk, denn es ist nicht schlechter als andere Völker. Es gibt keine schlechten Völker, es gibt nur schlechte Menschen.

180

Die meisten Intellektuellen, die zum Volke wollen, suchen zuerst das Ethos der Masse statt die Masse selbst. Deshalb sind sie immer so rasch enttäuscht. Die Masse hat in Revolutionen kein Ethos zu haben. Sie hat ein Ziel zu haben und einen Willen, weiter nichts. Ja, noch etwas: eine entschlossene Führung! Weil einmal in der Geschichte der Wissenschaft eine Idee zusammenfiel mit ihrer Erscheinung im politisch-wirtschaftlichen Leben, lehnt die bürgerliche Intelligenz den Marxismus als Wissenschaft ab, ohne ihn zu kennen. Sie weiß, das ist nicht wissenschaftlich. Sie weiß auch, daß sie es nur tut, weil sie eine Beeinträchtigung ihres bürgerlichen Behagens fürchtet, vielleicht gar eine Bedrohung ihrer bürgerlichen Existenz!

181

Erinnerungen und Gefühle sind jenes Unklare und Verschwimmende im Leben, das der Mensch mit allen Kräften zu verändern trachtet; zu verbessern, wie er meint, und das doch, zugleich in einem, Gestalt ist und Gehalt, Erscheinung und Idee, Vergangenheit und Zukunft. Und das, je mehr wir Menschen uns mühen, die Konturen der zu Gestalten gewordenen Erinnerungen schärfer zu zeichnen, diese Konturen undeutlicher werden läßt durch und für unsere Gefühle. Die Natur will nun einmal Übergänge haben und keine Sprünge, deshalb läßt sie Welle an Welle gleitend sich reihen, Tag so an Tag, Jahr an Jahr, Generation an Generation, Wiege an Bahre, Saat an Ernte und Ernte an Saat. Die Kunst, eins mit der Natur, weiß darum; und die Maler, seit sie beglückt zu sehen vermochten, verkünden es, indem sie vermeiden, alles Hartabgegrenzte der Erscheinungen zu zeigen. Dies Wunderbare des Undeutlichen in der Natur und in der Kunst zu erkennen und zu erfühlen, heißt, das Große im Kleinen, das Ganze schon im Teil schauen und im Vergänglichen das Ewige begreifen zu können.

182

Jede Idee, die fortschrittlich ist und Anspruch darauf erhebt, die Menschheit zu fördern, will Erscheinung werden, will Wirklichkeit werden. Kann sie das nicht, ist sie auch als Idee schwach, ist überflüssig.

183

Das Bestreben der jeweils Gegenwärtigen, das Vorhandene nicht als ein in der Vergangenheit Gewordenes, sondern als ein immer Gewesenes und in Zukunft Seiendes anzusehen, als ein von Gott Gewolltes zu benennen, ist so alt wie die Menschheit und so verbreitet wie sie.

184

Dem Hungernden wird immer ein Kanten Brot lieber sein als sämtliche Bände Kant. Ich sehe in der gesicherten leiblichen Existenz seiner Bürger das Fundament eines demokratischen Volksstaates.

185

Es ist richtig, daß die Menschheit auch dann nicht frei ist von Leid, wenn sie keine Kriege mehr führt. Aber richtig ist auch, daß nur Weltverbesserer und religiöse Schwärmer dem Wahn leben können, das Festkleid der menschlichen Würde lasse sich zum Alltagsrock für alle Zweibeinigen machen.

186

Warum machen denn die Menschen immer wieder Kriege? Warum? Weil sie jenen anderen Menschen, die auf Himmel und Hölle verzichten und die Erde glücklich und friedlich sehen wollen, nicht das Leben gönnen.
Warum wollen sie das denn nicht? Weil sie fürchten, diese Menschen könnten das Licht auf die Erde holen, und dann würde auch der dümmste Mensch erkennen, warum ihn die Mächtigen der Erde solange in Finsternis und Knechtschaft gehalten haben.

187

Es gibt ein Allheilmittel, ein sehr einfaches Mittel, ihnen die Lust zu solchen Kriegen ein für allemal zu nehmen, es ist das Ei des Kolumbus und seit Jahrhunderten im Volke und in jeder Truppe bekannt: In jedem Staat wird ein Gesetz angenommen, daß bei Ausbruch eines Krieges sämtliche Fürsten, Diplomaten, Parlamentarier, Finanzleute, Großindustrielle und Zeitungsleute ohne Unterschied des Alters als gemeine Infanteristen eingezogen und behandelt werden. Es gäbe dann keine Kriege mehr, sagen die einfachen Soldaten. Allerdings erst nach dem ersten Kriegsjahr.

188

Der Sieger hat die Macht, den Besiegten klein zu machen und zu demütigen; er hat aber nicht die Macht, ihn demütig zu machen dadurch, daß er ihn zwingt, die Vorzüge des Siegers zu preisen.

189

Man sollte mit den Armen teilen, die Wehrlosen schützen, alle Menschen lieben, keine Schätze sammeln und im übrigen hoffen, daß einem das gute Werk nach dem Tode vergolten werde. Die Männer, welche diese Lehre in eine barbarische Welt brachten, konnten jedoch damit nach Norden und nach Süden vordringen, sie fanden sogar immer mehr Anhänger, bei den wilden Waldmenschen im Norden ebenso wie bei den Kulturträgern aus dem Süden. Das Allerseltsamste an dieser Heilslehre aber ist, daß sie heute von den Reichen und Mächtigen der Erde, gegen die sie einst gerichtet war, benutzt wird, Kreuzzüge gegen solche Völker zu unternehmen, die dem »Unglauben« huldigen, sie hätten ein Recht, sich selbst zu regieren und die Schätze ihrer Länder für ihre eigenen Völker zu verwenden.

190

Die Kriege der Mächtigen haben seit Jahrhunderten die reifen Weizenfelder zerstört und die Äcker mit Disteln verwuchern lassen; doch stets hat der Pflug die Erde tiefer gezeichnet als das Geschütz, ist der Bauer stärker gewesen als der Soldat.

191

Die immer wieder gehörte Forderung, man müsse die Menschen, ihre Handlungen und ihre Ansichten aus der Zeit betrachten, in der diese Menschen lebten, scheint sehr gerecht zu sein, kann sich aber, wird sie gedankenlos erfüllt, sehr schädlich auswirken. Insofern, als dadurch alle jene Menschen unserer Zeit, die nicht in Jahrhunderten denken können und somit die Veränderungen der Menschen durch die Entwicklung ihrer Umwelt nicht kennen, in Gefahr kommen, das Fühlen, Denken und Tun ihrer Väter, das einmal das übliche gewesen sein mag, heute aber als veraltet, falsch oder gar als schädlich angesehen werden darf, als noch immer gültig hinzunehmen. Ein Betrachten vergangener Menschen und Zustände mit Augen jener Zeit, in der die Menschen und Zustände heutig waren, muß also stets sofort vom Gesichtspunkte unserer Zeit aus ergänzt und korrigiert werden. Das gilt auch für die Religionen und die Werke der Kunst, Literatur und Wissenschaft. Nur so kann man verhindern, daß die vergangenen Menschen und Zeiten Gelegenheit haben, ihre Anschauung vom Menschen, seinen Rechten und Pflichten und ihre alten Moralbegriffe noch nach Jahrhunderten der Entwicklung des Menschen in den Weg zu legen.

192

War die Kultur in der Gestaltung durch die alten Geschichtsschreiber auch dann Kultur, wenn sie den Krieg als Zeitenformer auf den Thron setzte und die großen Irrtümer der Weltgeschichte, die auf der Verherrlichung oder Übertreibung der Bedeutung der Kriege basieren, zu Kulturwahrheiten umfälschte? Kann man heute noch an Namen wie Herodot, Thukydides und Polybios und an ihren Enkelkindern Schlosser, Ranke oder Mommsen vorbeigehen, wenn man von der Rolle der Historie für die Kriegsbewahrung spricht?
Alle diese Kultur-Attentäter führten im Grunde selbst Kriege und priesen die Brutalität. Wenn die Kultur, einschließlich Religion und Kunst, einmal völlig abgelöst ist durch die Zivilisation – Zivilisation als Ausdruck eines einigermaßen behaglichen und gesicherten Lebens – besteht die Möglichkeit, jene dritte Erscheinungsform der geistig-seelischen Kräfte zu schaffen, die den Krieg, seine Vergötterung und damit das Brutalitätsgelüst des einzelnen für immer überwinden wird. Wahrscheinlich werden die Menschen vorher aber noch die Religionen und ihre Priester abschaffen müssen.

193

Der Sinn des Lebens ist nicht, der Freude zu entsagen; der Sinn des Lebens ist nicht, das Leid zu suchen und mitzuleiden; der Sinn des Lebens ist nicht das Luderleben der Herren; der Sinn des Lebens ist nicht das Hungerleben der

Knechte; der Sinn des Lebens ist nicht der Zwang der Arbeit; der Sinn des Lebens ist überhaupt nicht Herrschen und Dienen; der Sinn des Lebens ist ganz einfach der Dienst an der Dauer des Lebens. Für den Menschen aber heißt das: Betreuung und Erhaltung des frohen Lebenswillens, was einzig und allein geschehen kann durch die große Freiwilligkeit zum Mitleben und zum Weitergeben!

194

Mit dem kulturellen Erbe ist das so eine Sache: Lessing hatte einen Zopf und Marx hatte eine Mähne. Ihre Bildnisse in unseren Zimmern und ihre Lehren in unseren Herzen verpflichten uns jedoch nicht, ihren Haarschmuck an unseren Köpfen und ihre Gewänder an unseren Leibern tragen zu müssen.

195

Wenn ich von meinem Kulturbesitz abgebe, werde ich nicht ärmer, sondern reicher an Kultur.

196

Das Volk muß wissen, was gut und böse ist, nicht fühlen. Was der Gesamtheit frommt, ist gut.

197

Es ist seltsam, daß unser Gefühl nach einem Dauerzustand verlangt, für den der Mensch das Wort Glück gefunden hat, ohne erläutern zu können, was er sich unter Glück vorstellt. Alle wollen sie Glück haben. Ist es aber nicht eine ganz törichte Lehre, die man den Kindern vermittelt, daß Glück und ein ruhiges Leben ein und dasselbe bedeuten? Sind doch in der Bekanntschaft jedes Menschen Leute, die das Glück ihres Lebens lediglich in der währenden Unruhe und im Kampf für andere suchen und finden.

198

Das Glück kreist unsichtbar hoch über uns und läßt mitunter Seile über der Erde schweben, damit der Mensch sie fassen und sich zu großen Höhen ziehen lassen kann.

Ebensooft aber hat das Glück statt der Leine eine Stange in der Hand und drückt den, der danach greift, hohnlachend zu Boden. Und dies scheint mir die größere Auszeichnung zu sein. Denn wer bei dieser Prozedur nicht erliegt, der wird sich als Wissender und Starker wieder erheben und fortan der eigenen Kraft und nicht dem Glück vertrauen.

199

Es ist wohl wirklich so, daß der Glückliche keine Zeit hat, auf die kleinen Dinge seiner Umwelt zu achten, und der Unglückliche erst recht nicht; daß somit, so seltsam es klingt, allein der Gleichgültige die Unterschiede der Pflastersteine auf der Straße bemerkt.

200

Erst wenn der Mensch im Norden, der nie in Afrika oder Asien war, beim Vernehmen der Nachricht vom Sturz der letzten Kolonialherrschaft glaubt, das Zerbrechen von Ketten zu hören, er dann das Herz in schnellerem Schlag in seiner Brust hämmern fühlt und seine Augen sich feuchten – ist er in Wahrheit Mensch geworden.

Es geht ja nicht nur um das Tier allein

201

Es geht ja nicht um das Tier allein, es geht überhaupt nur indirekt um das Tier: es geht um eine neue, eine höhere Volkssittlichkeit und damit um die Vervollkommnung des Menschen. Die Menschen haben es sich im Laufe der Jahrhunderte angewöhnt, von ihren Haustieren und besonders von Hunden, Pferden und Kühen ein menschliches Reagieren zu erwarten, rasch und widerspruchslos, wie einstens von einem Arbeiter oder Knecht. Aber nur in der Erwartung, daß es die Arbeitsaufforderung verstehe, setzen sie das Tier ihrem eigenen Verstande gleich; niemals in der Behandlung, die das so gehobene Tier verlangen könnte – da hat es eben eine rechtlose Sache, ein Stück des Besitzes zu bleiben! Auch wenn sie ihre Tiere gut füttern und niemals schlagen, immer bleibt der unvereinbare Gegensatz bestehen zwischen der Art, in welcher der Mensch menschliches Tun von seinem Tier fordert und erwartet, und der rein dinglichen Art, in der er von seinen Tieren denkt.

202

Der Mensch, der dem Tier gegen den Menschen helfen will, muß den Entschluß aufbringen, auch die Einzelfälle jammerwürdigster tierischer Not und bösester menschlicher Verworfenheiten anzusehen; und muß den Mut haben, zur Abhilfe sich nicht eines beschämten Herzens zu bedienen, sondern eines zornigen Gewissens.

203

Wohl gut die Hälfte aller Tierfreunde besteht aus Mitmenschen, die für die eigenen Tiere persönliche Entbehrungen auf sich nehmen können, deren Herzen von Mitgefühl mit der Kreatur überfließen; und die doch augenblicks einer

Verhärtung zu erliegen vermögen, droht dem Liebling eine auch nur eingebildete Gefahr. So sehr kann sich dann das Herz verhärten, daß die Hand imstande ist, es als Stein oder gar als tödliches Geschoß gegen ein fremdes Tier zu schleudern. Weil hinter Gefühl und Tun eben nicht eine allgemeine Verbundenheit mit dem Tier sichtbar wird, sondern eine Freundschaft zu dem einen oder den mehreren, mit denen der Mensch in ganz persönliche Berührung getreten ist. Oft beruht das Verhältnis gar nur auf ganz gewöhnlichem Besitzerstolz.

204

Ich habe mir ein Leben lang Gedanken gemacht, warum wir Menschen wohl leichter darüber hinwegsehen, wenn es bei den Tieren dieselben Schweinehunde gibt wie bei uns, die alles bloß für sich haben wollen. Wir beachten es nicht, weil wir Tiere, die uns einen Vorteil des Leibes oder der Seele versprechen, ein für allemal über Gebühr schätzen. Hingegen wir Tiere, von denen wir uns nichts zu versprechen haben, gleichgültig verkommen lassen und jene, von denen wir Störungen befürchten, einfach hassen. Weil der Storch uns ins Leben bringen soll, respektieren wir zärtlich alle Störche; auch dann noch, wenn wir schon lange wissen, daß das mit dem Kinderbringen ein fauler Zauber ist.

Weil der Totenvogel uns angeblich aus dem Leben ruft, hassen die Menschen alle Käuzchen und schmeißen mit Steinen in den Baum, und es läuft uns kalt den Buckel herunter, auch wenn wir schon lange wissen, der Vogel hat mit dem Tod nicht mehr zu schaffen als jegliche Kreatur und sieht schöner aus als ein Storch. Das alles macht der Glaube, der Gewohnheit wird. Er ist wie in der Religion stärker als das Wissen. Und nicht bloß in so kleinen Sachen, o nein. Und nicht bloß bei dem Einzelnen, sondern auch bei den Völkerschaften. Bei denen es sich dann nicht mehr um Störche und Käuzchen handelt, jedoch ebenfalls um Leben und Sterben.

205

Es unterliegt für mich keinem Zweifel, daß sich die Tiere untereinander verständigen und daß sie besonders über den Menschen sich sehr rasch klarwerden. Die Frage, die sie sich vorlegen, lautet nur: »Ist er ein Guter?« Sind sie dieser Ansicht, so bleiben sie stehen oder treten gar näher. »Ja«, sagen sie dann, »dieser Mensch ist schweigsam, also ist er wohl kein Böser.« Und sie riskieren es immer wieder, getäuscht zu werden. Der Mensch hingegen mißtraut den Schweigsamen und läßt sich immer wieder von den Schwätzenden täuschen.

206

Das Tier merkt am Ton, in dem ein Mensch mit ihm spricht, ob es ein Lob bekommt, ob etwas Angenehmes zu erwarten ist, oder das Gegenteil. Aber der Unterschied ist dieser: ein gelobtes und gütig angeredetes Tier wird unter solchen Worten wie unter einer streichelnden Hand immer ruhiger und gefälliger werden, während es bei Schimpfreden von Minute zu Minute unruhiger wird und somit immer weniger geeignet, einen gebrüllten Befehl zu verstehen oder auszuführen! Die Tatsache allein, daß die meisten Menschen das nicht bedenken, zeigt ihre Verständnislosigkeit gegenüber der Tierseele und ihre Ungeeignetheit, Tiere zu halten.

207

Nicht die häßlichsten, aber die peinlichsten Tiere sind für uns die Affen. Und warum? Weil sie in ihrem Gehaben und somit auch in ihren Unarten die menschenähnlichsten Tiere sind.

208

Immer, wenn der gedankenlose Mensch schlechte Eigenschaften seiner Gattung schildern will, holt er Vergleiche aus dem Tierland. Bei der Schilderung seiner guten Eigenschaften tut er das nicht, gute Eigenschaften sind, so scheint es, stets nur menschlich zu bebildern.

209

Füchse gab es in Orplid und Dachse, Marder und Iltisse, Eichkätzchen huschten durch das Gezweig der Bäume, und die Burgen aus gefällten Baumstämmen sollen sich die Biber erbaut haben. Da alle die Tiere zusammen eine Gemeinschaft bildeten, lebten sie auch voneinander; dennoch sah ich nie einen jener Kämpfe auf Leben und Tod, von denen die Menschen schreiben, wenn sie sich die angebliche Unvermeidbarkeit von Kriegen beweisen wollen. Wohl sah ich gelegentlich, wie ein Tier ein anderes als Beute davontrug, um es zu verzehren, aber das Anrücken ganzer Tierarten in Schlachtreihen gegen andere gesammelte Tierscharen zum Zwecke des Mordens habe ich nicht gesehen. Denn nicht einmal die Ameisen, die so vieles in Gemeinschaft tun, formieren sich zu Armeen, um zu töten, sondern nur, um zu arbeiten.

210

Eine einzige Sache nur ist, auf die es ankommt: Auf das Lehren, Verbreiten und Festigen einer Tierliebe, die ohne menschliche Überheblichkeit, sogar ohne menschliches Überlegenheitsgefühl ausgeübt wird, auf ein natürliches, selbstverständliches Gefühl der Verbundenheit mit dem Mitgeschöpf.

211

Seltsam ist das Verhältnis der Seefahrer zu ihren Schiffstieren. Es wird geteilt vom Admiral bis zum letzten Matrosen, und wer nicht selbst die Zärtlichkeit zum Bordtier aufzubringen versteht, die für die meisten Seeleute selbstverständlich ist, der respektiert wenigstens den Gegenstand der Liebe der anderen. Die Schiffstiere gehören vielen Arten an, am verbreitetsten ist aber die Katze.

Als Lord Nelson der französischen Flotte vor Boulogne auflauerte, nun schon Englands berühmter Admiral, wurde sein Schiff in einem bösen Sturm auf einen Felsen geworfen; es war in der Nacht unmöglich, der Besatzung Hilfe zu bringen. Gegen Morgen konnte es endlich geschehen, es war in der letzten Minute, das lecke Schiff begann sich vom Felsen zu lösen und zu sinken.
Nelson verließ als allerletzter das sinkende Schiff und wollte gerade das Boot besteigen, als er hörte, daß die Katze noch an Bord sei. Sofort stieg er wieder auf das Schiff und ging noch einmal suchend über das Deck, obwohl das Schiff jeden Augenblick bersten mußte. Da er die Katze nicht fand, stieg er auch zum Ruderhaus hinauf, wo sich das Tier auch wirklich aufhielt. Nelson nahm das zitternde Kätzchen unter den Arm und verließ nun erst das Schiff, das gleich darauf sank.

212

Jean Paul forderte vom Menschen die Anerkennung der Gleichwertigkeit der Geschöpfe, und da er sie nicht erzwingen konnte, zog er praktisch für sich die Konsequenz und stellte den Menschen, die ihn zu sich einluden, die Wahl, auch seine Tiere einzuladen oder auf ihn zu verzichten. Seine Ethik war einfach: Bei den Tieren kann ich damit rechnen, daß sie umso besser gegen mich sind, je besser ich gegen sie bin; bei Menschen nicht, ja oft umgekehrt.

213

Der Dichter Lord Byron liebte Hunde und Katzen. Da er in den Tieren stets das Individuum achtete, wurden seine Tiere für ihn Persönlichkeiten, belebten seine Vorstellungswelt und drängten sich oft in seine Rede. In seinem Kater Ship, der keinerlei besonderen Wert als Rassetier besaß, als Persönlichkeit aber ein Genie gewesen sein muß, verkörperte sich für den Dichter geradezu die bessere Welt.

214

Es gab immer seltsame Tierfreunde, solange es Tiere in naher Gemeinschaft mit Menschen gab. Und früh gab es auch schon Proteste gegen eine solche Verzerrung eines guten und richtigen Gefühls.
In den Jahren der Zeitenwände hatte der Tierkult in den Tempeln und Palästen einen Stand erreicht, der aus Liebe zum Tier nicht zu verstehen ist: Das Tier war für Priester und Hofleute ein Schaustück, und seine Schmückung und Verwöhnung sollte der Mehrung des Ansehens einer Gottheit oder des Reichtums eines Fürsten dienen. Aus dieser Zeit ist auch der erste entschiedene Einspruch gegen solches seltsame Tun bekannt: der römische Kaiser Augustus erhob ihn, und dies tat er bestimmt und ehrlich.

215

Der Mensch kann das Verhältnis zum Tier auch übertreiben; der französische Staatsmann und Dichter Lamartine hat es zweifellos getan ...
Lamartine verglich die Menschen, die ihn umgaben, gesellschaftlich und beruflich, mit einer Salonmeute, die in ihren Motiven weit unter den Hunden seiner Bekanntschaft stünde. Er feierte daher in Gedichten den Hund als den Kameraden und Freund, dessen Anhänglichkeit ehrlich und innig sei, und pries alle Menschen glücklich, die sich solcher Hunde als Freunde rühmen konnten. Mit ihrem Herzen seien die Hunde wertvoller als die Menschen, mit ihrer Intelligenz nicht geringer, er, Lamartine, sei stolz, seines Hundes Bruder sein zu dürfen.

216

Tatsächlich stand der Hund bei der privilegierten Schicht in hohem Ansehen, häufig entartete die Freundschaft zwischen Mensch und Tier. Nur die Katze und der Falke haben ihm mitunter den Rang streitig gemacht. Der Hund blieb bevorzugt, weil er zur Jagd gehörte, die nun einmal für viele Jahrhunderte das königliche Vergnügen darstellte. Da es sich fast immer nur um Hetzjagden handelte, ist erwiesen, daß die Vorliebe der Mächtigen jener Zeiten für Hunde nicht als Tierliebe im eigentlichen Sinne angesehen werden darf.

217

Es gibt zwei Arten von Hunden, die eine ist der Haushund, zu dem man kommen kann, auch wenn man wenig Geld hat; die andere ist der sprichwörtliche Hund, auf den man kommen kann, auch wenn man viel Geld hat. Ein Hund freilich, der ein Hundeleben führt, kann nichts dafür. Ein Mensch kann wenigstens etwas dagegen tun.

218

Die Hundenarrheit in Frankreich und besonders in Paris... erfaßte fast alle Gesellschaftsschichten. Nach Berichten aus der Zeit vor der großen Revolution gab es keine herrschaftliche Kutsche, bei welcher nach ihrem Anhalten nicht zuerst der Bediente ein oder mehrere Tiere herauslangen mußte, bevor der Mensch sich erheben konnte. Kavaliere und Damen hatten in der Regel drei, vier Hunde bei sich, die sie an seidenen Bändern führten; schließlich hielten sich auch Kutscher und Zofen und Ladendiener ihre Hunde, und es war Ehrenpflicht, sie nachts mit im Bett schlafen zu lassen und mit den besten Sachen zu füttern. Selbst die Revolution war nicht imstande, die Tiernarrheit wesentlich einzuschränken.

219

Frankreich blieb das Land der Hundemoden, während nur England im 18. Jahrhundert ihm eine gewisse Konkurrenz machte. Und so trug man das ganze 19. Jahrhundert in Frankreich kleine Hündchen, und es war schick, es möglichst klein zu haben. Aus dem früheren Lyoner Hündchen das mit Lyon niemals etwas zu tun gehabt hatte, war nun richtig das Lion-Hündchen, das Löwenhündchen, gewor-

den, wir kennen es als Malteserhündchen. Sein Preis richtete sich nicht sosehr nach seinen Vorzügen, sondern einzig nach seiner Kleinheit.
Daß dieses ganze Getue mit Tierliebe nichts zu schaffen hatte, sondern wirklich nur eine Mode war, geht aus der Art hervor, wie diese Tiere klein gehalten und gefüttert wurden. Man schloß sie fast den ganzen Tag in enge Körbchen ein, so daß die Beine und der Körper sich nicht recht entwickeln konnten, und gab ihnen nur wenig und ganz harte Speisen; als einer der Narren herausbekommen zu haben glaubte, eine ausschließliche Ernährung mit Zukkerbrot erschwere das Wachstum, fütterte halb Paris seine Hunde nur noch mit Zuckerbrot.

220

In England gehörte es im 19. Jahrhundert zum guten Ton, in jeder Saison ein anderes Tier »zu tragen«. Ganz genau schrieb die Mode vor, welches Tier man in diesem Jahr liebhaben durfte, und von den Hunden welche Rasse. Man genierte sich keineswegs, die Lieblinge des Vorjahres wegzugeben an Bediente oder an arme Leute, und glaubte dennoch, nicht nur ein Tierfreund zu sein, sondern dem tierliebendsten Volk der Welt anzugehören.

221

Das hat somit auch wesentlich für alle zu sein, die über das Tier reden und schreiben. Denn die Menschen gütig zu machen zum Heile der Tiere, heißt nicht nur, wie Lemaitre meint, die Menschen besser zu machen gegen ihresgleichen, es heißt auch, sie glücklicher zu machen. Dies zu erstreben, hat aber oberstes Gebot für jedes Handeln zu sein, das ein Mensch für andere Menschen unternimmt.

222

Ihr falschen Prediger einer falschen Realität: Niemals wird der wahre Tierfreund in verschwommener Gefühlsseligkeit neben dem rauhen Leben einhergehen und die Sorge um das Tier höher stellen als die um den Menschen. Sich um den Menschen zu sorgen, heißt für ihn freilich nicht, das Sorgen ausschließlich in der Besserung der wirtschaftlichen Existenz und in der Fernhaltung leiblicher Not zu sehen: ebenso wichtig wird ihm die Sorge um die Hebung des sittlichen Wertes sein!

Kennen Sie das Leben?

Regnen lassen!

Ärgert euch nicht über den Regen.
Regen ist auch Wetter
und nicht einmal ein schlechtes für den,
der den Mantel
stolzer Lebensweisheit trägt.

Gelehrte Männer haben gefunden und bewiesen, daß die Hälfte aller mißlichen Ereignisse vom Regen verursacht wird: Familienzwist, Krach im Geschäft, ja Verschärfung politischer Gegensätze. Muß das so sein?

Da prahlen wir jede Woche mit einem neuen »Sieg des Menschen über die Natur«, fliegen über das Weltmeer, funken um die Erde und sehen um die Ecken, aber unser Wertvollstes, unsere Seele, geben wir widerstandslos dem gelegentlichen Greinen der Natur preis. Wobei wir wieder in Selbstüberhebung dem nicht dauernd lächelnden Gesicht der Natur den Vorwurf der Griesgrämigkeit machen. Weil uns ein Plan verdirbt, ein Vergnügen gestört wird, ein Ausflug verregnet, ein Kleid verfärbt, reden wir von schlechtem Wetter.

Nun haben gelehrte Männer gefunden und bewiesen, es sind das wieder andere Gelehrte als die am Anfang dieser Betrachtung genannten, es werde möglich sein, auch die Naturkräfte zu bändigen, die das schlechte Wetter machen. Wir haben es aber nicht nötig, auf diesen neuen Sieg der Menschheit zu warten, wir haben ein anderes wirksameres Mittel: Wir können die Natur überlisten. Überlisten durch Anpassung! Es gibt nämlich gar kein schlechtes Wetter, es gibt nur – gute Kleider!

Ist euch, liebe Freunde, wenn ihr, vom Regen überrascht, verärgert und verzankt aneinander zerrt, noch niemals ein Mensch begegnet, der heiter durch den Regen schritt und sich sein Wochenende nicht trüben ließ? Er ist allen schon begegnet, denn er ist durchaus nicht selten, aber ihr habt ihn übersehen oder ihr habt euch über seinen frohen Gleichmut gar noch geärgert. Jener aber hatte das Rezept der Anpassung, der Seelenbewahrung; ihm zeigte die Natur kein griesgrämiges Gesicht, und deshalb zeigte er den Menschen keins. Und dies ist das Wunderbare: Wer näher mit solchen Menschen in Berührung kommt, wird angesteckt; sie strömen ein Fluidum aus, dessen Wirkung uns nach anfänglichem Widerstreben beschämt, die Verärgerung über die verregneten Kleider und die ins Wasser gefallenen Ausflugsfreuden vergessen läßt.

Es ist klar, daß solche Menschen auch den Witterungsumschlägen gerüstet gegenüberstehen, die das Leben bringt. Und wenn es den meisten von uns nicht gegeben sein wird, diesen Musterexemplaren unserer Mitmenschen ganz zu folgen: Eltern und Erzieher sollten Kindern und jungen Menschen beibringen, daß das sogenannte schlechte Wetter etwas ist, das sich der Mensch erst schafft und das bestanden werden muß, wie der Kampf ums Dasein, durch Anpassung, nicht durch Greinen!

Verregnete Sonntage, verregnete Ferien: Wir bezwingen und verändern sie nicht durch Verdrießlichkeit, aber wir überlisten die Natur, indem wir uns überlisten und uns die Erholung retten: durch entsprechende Kleidung, durch gute Bücher, durch gesteigerte Beschäftigung mit der Familie und Freunden! Man probiere es!

Wie geringfügig sind die Ursachen unserer Verärgerung gegenüber denen des Landmanns, dem ein nasser Sommer die Ernte verregnen läßt, gegenüber den Sorgen eines Gastwirts im Ausflugsort, dem ein solcher Sommer die Existenz vernichten kann! Und wieviel größer ist trotzdem das Maß unserer schlechten Laune. Aber auch die wirtschaftlich Getroffenen ändern das Wetter nicht durch

Schimpfen und Verzweiflungsausbrüche; sie schwächen nur ihre Kräfte für den Lebenskampf. Predigt vom geborgenen Schreibtisch aus? O nein, ein Splitter eher vom Stein der Weisen, gefunden auf nasser Lebensstraße. Es ist schon so: Wer sich über schlechtes Wetter ärgert, der kämpft gegen einen Feind, der gar nicht vorhanden ist, der ärgert sich in Wirklichkeit über sich selbst, über ein Phantom, das er gebar. Goethe hat diese Weisheit ein öffentliches Geheimnis genannt:

Müsset im Naturbetrachten / immer eins wir alles achten. / Nichts ist drinnen, nichts ist draußen: / Denn was innen, das ist außen! / So ergreifet ohne Säumnis / heilig öffentlich Geheimnis. /

Also, wenn es regnet – regnen lassen!

Die Grüne Post, 19. Juni 1927

Ballast

Der Mensch ist kein Schiff, er sollte auch ohne Ballast fahren können!

Als Müllers neulich umzogen, brauchten sie drei Koffer, um den Andenken-Ballast wegschaffen zu können. Und die Frage, um die es hier geht, wäre nicht akut geworden, hätten Müllers die drei Koffer zur Hand gehabt. Aber die Koffer fehlten, sie waren schon zum Transport wichtigerer Sachen benötigt worden. Da entrang sich Frau Müllers Brust der Seufzer: »Gott, wozu hebt man sich eigentlich den ganzen Krempel auf!«

Mitbringsel aus verstaubten Orten von verstaubten Menschen waren da, Bilder, Briefe und Karten, Handarbeiten, Vasen und Mappen. Das meiste hatte nie einen Platz in der Wohnung gefunden, warum auch, es war gegeben und genommen worden, wie man einen Händedruck gibt oder nimmt. Und doch hatten Müllers sich nie entschließen können, von dem Plunder sich zu trennen. Es waren immerhin Andenken, Geschenke! Und Frau Müller kam nach erster redlicher Aufwallung erneut zu keinem Entschluß. »Manches freilich habe ich inzwischen auch weitergeschenkt!«

Weitergeschenkt! Das ist nun auch solch kleiner Betrug, den wir mit dem eigenen Gewissen vornehmen: Geschenke, die uns nicht gefallen, an die uns nichts bindet, die vielleicht geschmacklos sind, weiterzuverschenken, um sie los zu werden! Wir bringen nicht den Mut auf, sie zu vernichten; wir schenken sie weiter. An Leute selbstverständlich, von deren Geschmack wir annehmen, daß er unter unserem steht, an kleine Verwandte, an Dienstmädchen und Reinemachefrauen. Und mit der zutreffenden Feststellung, daß wir den so Geehrten immer noch eine Freude gemacht haben, beruhigen wir, seien wir doch ehrlich, das muckende Gewissen.

Frau Müller hatte eben Gefühl und Gemüt, sagen ihre Schwestern. Aber da hatte ich einen Freund, einen Junggesellen, der war rücksichtslos gegen seine Mitmenschen und gegen sich selbst, wenn es sich um Sentimentalitäten handelte. Als der einmal in eine andere Stadt versetzt wurde, mußte er am letzten Tage die Waffen strecken, weil er vor lauter Plunderkram nicht weiterpacken konnte. Auch er hatte sich alle Geschenke aufgehoben, die Schulprämien und den ersten zinnernen und geschmacklosen Becher aus dem Ruderklub, Handwerkszeuge, die nie mehr gebraucht wurden, Ausschnitte und Bilder, den Feldbecher und die Feldflasche aus dem Krieg und hundert andere Dinge. Er verzweifelte beim Packen, ließ alles stehen und liegen und fuhr ab. Da haben wir ihm alle seine Gebrauchssachen nachgeschickt, aber den ganzen übrigen

Krempel in die Müllkästen werfen lassen. Mit dem Erfolg, daß die Kinder sich aus dem Müllkasten »Andenken« suchten. Zuerst war er ernstlich böse, aber dann begann er zu lachen, und schließlich freute er sich über die endliche Befreiung.

Mein Onkel ist achtzig Jahre alt, der hat noch Andenken und Krempel ebenso alt. Darunter sind die Gehwerke von Wecker- und Wanduhren, Magnete, die nicht mehr ziehen, defekte, veraltete Schlösser, abgebrochene Zangen und ähnliche Dinge. Er trennt sich von den Sachen nicht, denn er gehört zu der weitverbreiteten Sippe derer, die alles aufheben, weil man nicht wissen kann, ob man es nicht doch noch einmal braucht.

Eine Base hatte ich, die bewahrte alle Flicken und Abschnitte von Kleidern, Wäsche und von Garnen auf. Als sie gestorben war, mußten wir vollgestopfte Säcke dem Lumpensammler übergeben. Verwendet hatte sie nie was, hatte Zeit ihres Lebens in den Säcken nicht gesucht, sie hatte nur immer – weitergesammelt. Weil man doch nicht wissen kann, ob man es nicht doch noch einmal braucht. Dabei war sie in ihrem Wohnraum aufs äußerste beschränkt gewesen.

Und die Nutzanwendung der Geschichten? Werft den Ballast ab! Denn hinter dieser falsch verstandenen Pietät und Sparsamkeit steckt natürlich mehr als eine bloße Belastung des Zusammenlebens und des Umzugs. Was wir so sehen, was uns umwächst und überwuchert, was uns beschwert mit überflüssigem Krempel und uns in der Bewegung hindert, das sind nur äußere Merkmale einer ballastbeschwerten Seele. Denn dies ist schlimmer: zu sehen, wie Menschen aus Sentimentalität mit jedem Jahre ihres Lebens immer mehr unnützen seelischen Tand ansammeln in Gestalt nutzloser Erfahrungen, gegenstandslos gewordener Schwärmereien, Vorstellungen von Einrichtungen, von toten Vergleichen, von Voreingenommenheiten, überlebten Begriffen, von Gesellschaft, Staat, Freundschaft, Liebe, Ehe, von all dem, was Lehmanns und Schulzens sagten oder wünschten. Jeder Tag bringt uns neue Andenken dieser Art, aber die meisten sind nicht mehr wert wie die Geschenke und Erinnerungen, die in der untersten Schublade der Kommode aufbewahrt werden. Man sollte sich von solchen seelischen Andenken noch rascher trennen als von den gegenständlichen, denn sie beengen nicht nur unser Leben, sondern auch das unserer Mitmenschen, auch derjenigen, die nicht mit uns zusammenzuleben gezwungen sind.

Wer also in falschem Pietätsgefühl diese seine wertlosen seelischen und geistigen Andenken nicht missen will, wer den Ballast mit sich herumschleppen will, der hüte sich jedenfalls, etwas davon zu verschenken an Leute, bei denen es ja nicht so genau darauf ankommt. Was mit einem Ansichtsteher aus gepreßtem Glas noch gestattet sein mag, kann bei einer von Fliegenpünktchen besetzten Weltanschauung oder Lebenserfahrung leicht gefährlich werden. Wer unter Ballastsäcken am Boden kriecht, soll darauf verzichten, andere das Springen lehren zu wollen.

Die Grüne Post, 23. Oktober 1927

Der Mann von Vierzig

Der Mensch ist nur so alt, wie er sich fühlt?
Nein – er ist sicher älter. Aber so alt,
wie ihn die anderen sehen, ist er bestimmt nie!

Dieses Blatt ist jung und optimistisch, und die es machen, sind es auch. Was läge näher, als daß auch hier einer Einschätzung der Jugend Ausdruck gegeben würde, die heute gang und gäbe ist und die bis zur Überbewertung geht. Wenn wir das kritiklos nicht mitmachen, so liegt der Grund ganz gewiß nicht in der Verkennung des Antriebs, den das Leben durch den Wirkungsdrang der Jugend erhält; noch weniger liegt die Zurückhaltung begründet in der Übernahme jener oft peinlich empfundenen Behauptung älterer Menschen, daß die Anzahl der zurückgelegten Lebensjahre und die gemachten Erfahrungen ein für alle Mal ein besseres Wissen und Können bewiesen. Nein, gerade weil wir den herrlichen Schwung, den die Jugend in die geistigen und geschäftlichen Angelegenheiten der Menschheit bringt, nicht zu hohler Rechthaberei und Überheblichkeit aufblasen lassen wollen, bewahren wir uns einen etwas unmodischen Standpunkt.

Solange die Überbewertung der Jugend sich nur auswirkt im literarischen und künstlerischen Leben eines Volkes, kann man ihr als einer Modeströmung lächelnd zuschauen. Denn die Geschichte zeigt, daß stürmischer Geist und künstlerische Explosionen durchaus nicht nur in den ersten drei Jahrzehnten eines Menschenlebens anzutreffen sind. Sie sind in viel mehr Fällen Erscheinungen späterer Lebensabschnitte. Und die großen Leistungen der berühmten Männer, die Taten und Werke, die über die Jahrhunderte strahlen, sind fast immer nach der Sturm- und Drangperiode geschaffen worden.

Aber selbst wenn man zugäbe, daß Genialität und Jugend zusammengehören, rechtfertigt das noch nicht die blinde Verhimmelung von Taten und Werken, bloß, weil ihre Verfertiger jung sind. Und noch weniger ist die Gepflogenheit gerechtfertigt, den Arbeiten älterer Menschen das Etikett »Gestern« umzuhängen, auch dann, wenn weder diese Arbeiten noch ihre Schöpfer geistig, seelisch und körperlich müde sind. Es klafft da nämlich eine peinliche Lücke zwischen solcher Mode und ihren Priestern: der

Widerspruch, der zwischen dem gepredigten Evangelium vom größeren Wert der jugendlichen Arbeit und dem Alter des betreffenden Predigers liegt! Als peinliche Folge der Mode sind aber jene krampfhaften Bemühungen wirklich ältlicher Herrschaften anzusehen, durch jugendliches Gebaren, Unfertigkeit und künstlichen Wellengang Jugend vorzutäuschen, um den Anschluß an die Strömung nicht zu verlieren.

Beträfe jedoch dieses alles nur unser künstlerisches Leben, es könnte hingehen. Man kann einen Zeitabschnitt betrügen, niemals jedoch die Zeit. Leider aber hat mit jedem Jahre auch im beruflichen und geschäftlichen Leben die Anschauung immer mehr Boden gewonnen, daß die jugendliche Arbeitsleistung vorzuziehen sei. Und mit jedem Jahre fast wurde die Grenze, die den jugendlichen Arbeiter und Angestellten vom sogenannten älteren angeblich trennt, weiter nach vorn verschoben. Heute ist es so weit gekommen, daß ein Mensch, der vierzig Jahre als ist, allgemein als nicht mehr vollwertige Arbeitskraft angesehen wird. Ja, es wachsen jene Stellenangebote unheimlich, in denen gefordert wird, daß der Bewerber nicht über dreißig Jahre alt sein dürfe.

Ob das Geschäftsleben mit dieser Ansicht unbewußt nur der Parole folgt, die das künstlerische Leben ausgegeben hat, oder ob hier lediglich das Bestreben obwaltet, billigere und gefügigere Arbeitskräfte zu bekommen, ist bei der Betrachtung der Sache weniger belangvoll. Im letzteren Falle wäre die Begründung allerdings gerade kein Kompliment für die selbstbewußte Jugend. Wahrscheinlich wirken beide Kräfte beeinflussend mit. Und beide sind nicht stichhaltig! Man mache den Versuch und frage den Leiter der Angestelltenabteilung eines größeren Betriebes, der sich seiner geschäftlichen und menschlichen Verantwortung bewußt ist, nach einer Begründung. Er kommt bestimmt in Verlegenheit, denn die Ausrede mit der größeren Beweglichkeit eines möglichst jugendlichen Personals verliert dort ihre Überzeugungskraft, wo es sich nicht um Laufburschen und Treppenspringer handelt. Die größere körperliche Beweglichkeit eines Menschen ist nie die Voraussetzung größerer geistiger Beweglichkeit oder beruflicher Tüchtigkeit. Sie ist in weitaus mehr Fällen der Boden einer oberflächlichen Berufsauffassung.

Reichsfinanzminister und Reichswirtschaftsführer streiten sich, ob die Zukunft der deutschen Wirtschaft den Betrachter optimistisch oder pessimistisch stimmen müsse. Ob sie sich einigen oder nicht, der Winter steht vor der Tür, und mit ihm stehen immer mehr tüchtige Arbeiter und Angestellte vor den Türen der Arbeitsnachweise und Personalbüros und kommen bei aller Tüchtigkeit nicht in Stellung. Weil sie nicht verhindert haben, über dreißig oder vierzig Jahre alt geworden zu sein. Von denen über fünfzig gar nicht erst zu reden.

Neulich erschoß sich ein vierzigjähriger stellungsloser Kaufmann, weil er das deprimierende Gefühl nicht mehr ertragen konnte, zu alt geworden zu sein. Viermal nur hatte man es ihm gesagt, und er selbst wußte, daß er doch wieder eine Stellung bekommen würde. Er trat ab, weil er sich schämte, als kerngesunder tüchtiger Kaufmann mit vierzig Jahren nicht mehr für vollwertig genommen zu werden, ohne daß einer der Arbeitgeber auch nur den Versuch gemacht hätte, ihn auf seine körperliche, geistige und geschäftliche Tätigkeit hin anzusehen. Es genügte ihnen die Grenze »Vierzig«. Alle seine Bekannten, alle seine früheren Chefs lobten seine Beweglichkeit und seine Tüchtigkeit. Trotzdem stach ihn einer aus, der ein Dutzendmensch war, der nur den Vorzug hatte, achtundzwanzig Jahre alt zu sein. Es ist natürlich falsch und unfruchtbar, etwa mit Sentimentalitäten gegen die Mode gewordene Ansicht von der beschränkten Arbeitskraft der Menschen von Vierzig anzukämpfen. Und unfruchtbar bleibt auch das von Angestellten-Organisationen beliebte soziale Argument. Besser und wirksamer ist schon die nüchterne Folgerung, wie es möglich ist, daß Arbeitskraft, geschäftliche und geistige Beweglichkeit automatisch mit dreißig und vierzig Jahren abnehmen nur bei Leuten in untergeordneter Stellung, niemals aber bei Abteilungsleitern, Direktoren und Präsidenten! Von Abgeordneten, Kritikern und Wirtschaftsführern ganz abgesehen. Erringt ein Mensch durch Arbeit, Glück oder Geld einen solchen Posten, bleibt er ganz allgemein befähigt bis ins hohe Alter, ja, es wächst sogar seine Befähigung. Bekam er jedoch die Sergeantenknöpfe oder Majorsraupen Merkurs nicht, dann konnte es ihm passieren, daß er mit höherem Dienstalter beim Stellungwechsel nicht nur zum Gemeinen degradiert, sondern oft sogar aus dem Heer ausgeschlossen wurde. Auch wenn er derselbe tüchtige Mensch geblieben war. Und es können doch nicht alle Befähigten zum Befehlsgeber avancieren, auch nicht die Tausende der heute bevorzugten Jugendlichen. Ihr Herren aus Industrie und Handel: Da stimmt etwas nicht! Und wenn ihr uns nicht glaubt, dann fragt das Vorbild kaufmännischer Tüchtigkeit, Mister Henry Ford. Bis zum zweiundvierzigsten Lebensjahre stümperte er in untergeordnetsten Verhältnissen umher, dann erst begann er der große Henry Ford zu werden.Das Alter eines Menschen zum Wertmesser seiner Fähigkeiten zu machen, hätte nur dann einen Sinn, wenn es unterschiedslos geschähe. Das gilt für das höhere, aber auch für das niedrigere Alter. Bis das geschieht, müßt ihr Arbeitgeber, die ihr über Vierzig seid, schon gestatten, daß wir eure Ansichten für eine Ausrede halten. Für eine Ausrede, die menschlich peinlich und geschäftlich töricht ist.

Die Grüne Post, 30. Oktober 1927

Ausgeträumtes Amerika

Die Menschen werden den Sinn des Lebens verstehen, wenn sie sich über den Sinn der Arbeit verständigt haben.
(Lavater)

Manchmal, wenn ich mir ins Bewußtsein gerufen hatte, wie überflüssig ein Mann ist, der träumt, und mich ansah mit den Augen meiner europäischen Freunde als einen energischen arbeitsfrohen Menschen, als nüchternen Wirklichkeits-Apostel, der in Amerika ein Arbeits- und Lebensideal finden wollte, öffnete ich mit verschmitztem Lächeln die Quelle meines seligsten Zustandes, bis ich trieb in der unbeschreiblichen Lust eines kindlichen Protestes: auf diesem gewaltigen Erdteil ungesucht und unauffindbar zu liegen so Tag um Tag, Woche um Woche, als ein völlig zweckloser Mensch!

Und ich bildete mir ein, daß alles, was atmete im Wald, die Bäume, Sträucher und Büsche, die Tiere, Vögel und Käfer zustimmten und wetteiferten, mir die menschliche Überheblichkeit meiner früheren Tage zu verzeihen. Ich wähnte wirklich, diese Sentimentalität entschleiere mir den gottgewollten Sinn des Lebens, und ich wollte den Zustand niemals ändern.

Eines Morgens, als ich vor meiner Hütte lag und in Wald- und Tierverbundenheit mich unbewußt über den Menschen erhob, schrillte plötzlich laut, wenn auch fern, eine Dampfsirene. Wie kam dieses Signal, Millionen Menschen verhaßt als zivilisierte Antreiberpeitsche, hierher? So laut auch die Vögel sangen den Tag, ich wurde den Ton der Sirene nicht los. Er beunruhigte mich. Mittags ging ich ins Tal. Unterwegs schon hörte ich den Schlag von Äxten und traf Männer, die Bäume fällten. Farmer, Bauern, die sich zusammengetan hatten, um selber einen Weg zu bauen und gleichzeitig Bauholz zu schaffen für ihre Wirtschaftsgebäude. Eine alte Schneidemühle hatten sie wieder in Gang gesetzt und auch die Dampfsirene repariert, obwohl sie die nicht brauchten.

Meine Sympathie nahm ab. Drei Tage lang besuchte ich die Männer und ließ in jedem geschlagenen Baum mein sentimentales deutsches Gemüt peinigen. Dann begann ich über mich zu lachen. Leise erst, lauter dann. Und endlich schämte ich mich meiner gerühmten zwecklosen Untätigkeit, nahm Axt und Säge und arbeitete. Ich schlug Bäume um. Und der brüderliche Wald schrie nicht. Wie die Wandlung kam? Der Pfiff der Dampfsirene deutete mir den Sinn der Arbeit und damit den Sinn des Lebens neu. Und diese Deutung lag, eine billige aber um so klarere Wahrheit, wieder einmal zwischen den Anschauungen der harten Leute am Rande; zwischen selbstsüchtiger Erwerbsgier und lebensflüchtiger Verträumtheit, zwischen Fordern-Können und Gehorchen-Müssen. Sie lag im Mitarbeiten.

Als ich nach Wochen schied, nahm ich die Überzeugung mit, daß der wahre Sinn des Menschen, der Arbeit und des Lebens immer nur zu finden sein werde zwischen den Gegensätzen. Und daß hier zu beginnen habe, wer die zwiefachen Gestalten des Lebens überwinden will: eines das herrscht, und eines, das dient und den Menschen bejaht, der gemeinschaftlich ist.

Die Grüne Post, 8. April 1928

Fünf Minuten zu spät

Daß Glück ihm günstig sei,
Was nützt 's dem Stöffel?
Denn regnet 's Brei,
fehlt ihm der Löffel.

Ich habe die Menschen gern, die immer fünf Minuten zu spät kommen. Es ist mit ihnen geschäftlich nichts Rechtes anzufangen, ich weiß es. Aber muß man denn mit allen Menschen Geschäftliches und noch dazu etwas Rechtes anfangen?

Außerdem sind die schon genug vom Schicksal gestraft. Die Züge fahren ihnen vor der Nase weg; die Vorgesetzten putzen sie herunter; ihre Entschuldigungen haben nur den Wert von Ausreden; bewerben sie sich um einen Posten, ist er bereits besetzt. Und gibt es mal einen Amanullah zu sehen, erblicken sie von dem Schauspiel gerade noch die abziehenden Staubwolken.

Und doch sind diese Menschen, denen die Zeit davonläuft, nur kleine Verwandte von jenen, vor denen die Gelegenheit Reißaus nimmt.

Da ist der italienische General Nobile, der über den Nordpol fliegen will. Vor zwei Jahren wollte er als erster den Nordpol im Flugzeug erreichen. Zwei Tage vorher flog der Amerikaner Byrd über den Pol und nahm dem Italiener den Ruhm weg. Nach großen Vorbereitungen wollte Nobile nun über den Nordpol hinwegfliegen und als erster herauskriegen, ob um den Pol herum Land ist. Die Expedition wird zusammengestellt und liegt in Stolp fertig zum Start, da fliegt der Amerikaner Wilkins von Alaska aus über den Pol nach Spitzbergen und stellt fest, daß da oben nur Eis und offenes Meer, aber kein festes Land zu finden ist. Jetzt wird Nobile, kommt er zum Nordpol, Lotungen vornehmen und magnetische Strömungen messen. Das ist auch eine verdienstvolle Aufgabe, jedoch das Große, das Namenschaffende ist weg.

Sowas ist mehr als peinlich und des allgemeinen Mitgefühls wert. Aber die Menschen, die im Leben fünf Minuten zu spät kommen, sind nicht alle Nordpolforscher. Jeder von uns hat in seinem Freundeskreis solchen Pechvogel. Erfinder sind da, die nach jahrelanger Arbeit eine Sache zum Patent anmelden, zwei Tage vorher hat sich ein anderer die ausgefallene Idee schützen lassen. Schriftsteller finden einen ganz abseits liegenden Stoff; sind sie mit dem Manuskript fertig, kündigt ein Verlag die ähnliche Geschichte eines anderen an.

Mein Freund Peter hat noch jedes Jahr eine ganz fernliegende Idee ausgearbeitet; mal eine geschäftliche, mal eine technische, eine wissenschaftliche, eine künstlerische: War er fertig, war der geheimnisvolle Zweite gerade fertig gewesen. Das letzte Mal hatte Peter eine zugkräftige Propaganda-Idee. Vier Monate brauchte er zur Ausarbeitung des Planes, als er ihn anbieten wollte, fiel sein Omnibus um und er ging als abergläubischer Mann wieder nach Hause. Am nächsten Tag erfuhr er, daß »der Andere« dagewesen war und eine ähnliche und ebenso gute Sache verkauft hatte.

Solche Dinge sind nicht mehr peinlich, sie sind schon unheimlich; es gehört viel Festigkeit dazu, nicht am Leben zu verzweifeln. Das Bedauern der Freunde ist ein schwacher Trost und bei allem Mitgefühl sehen wir auch immer wieder den Clown im Zirkus, der sich gerade in dem Augenblick bückt, um den Teppich aufzuheben, in dem die Stallmeister ihn schon fortgezogen haben. Als Kinder lachten wir über den Clown, als Erwachsene nehmen wir die Pechvögel nicht für voll und sagen uns nicht, daß hinter den sichtbaren Dingen des Lebens dunkle Kräfte wirken und Fäden ziehen, an denen wir Menschlein hängen. Wir sprechen von »Sonntagskindern«, denen alles gelingt, von Menschen, die immer zur rechten Zeit kommen. Auch von diesen Leuten haben wir alle einen in der Bekanntschaft. Zum Erfolg geben wir ihnen bereitwillig noch die Anerkennung.

Laßt uns auch die Spätlinge mit etwas Verständnis behandeln. Ich fühle mit ihnen, denn wir sind lose verwandt. Ich bin zwar kein ausgesucht unpünktlicher Mensch, aber ich bin in der Hälfte aller Fälle doch zu spät zum Zug und zum Schiff gekommen. Nur daß ich noch nie einen Zug oder einen Dampfer verpaßt habe: Zug und Dampfer hatten dann immer Verspätung!

Die Grüne Post, 6. Mai 1928

Wie werde ich Schweiger?
Reden ist Silber,
Schweigen ist Gold

Die Grüne Post hat kürzlich einen Artikel veröffentlicht: »Wie werde ich Redner?« Da die Redelust allgemein und die in dem Artikel empfohlene Methode gut ist, befürchtet unser alter Mitarbeiter – vielleicht nicht mit Unrecht – eine schreckliche Landplage. Er schlägt deshalb vor, das Schweigen zu lehren.

Dies las ich mal unter einer entsprechenden Zeichnung:

In der Eisenbahn, zwischen Leipzig und Chemnitz. Im Abteil allein ein schwerer, etwas muffliger Ostelbier und ein kleiner, beweglicher Eingeborener. Stille, fünf Minuten. Der Fremde sieht aus dem Fenster, der Einheimische sieht auf den Fremden. Stille, zehn Minuten. Da wird der Behende unruhig, rückt hin und her; der andere wendet ein wenig mißmutig den Kopf. Darauf der Kleine: »Entschuld'gen Se bidde, wänn ich geen Gespräch mit Ihn' anfange, ich steig Se nämlich gleich aus!«

Meine Freunde, die Freistaat-Sachsen, brauchen nicht gekränkt zu sein. Die Schwaben wohnen woanders, und während ich dies hier schreibe, sitzt meine Ferienwirtin in meinem Zimmer und erzählt mir die Geschichte ihrer Familie und ihres Ortes. Jeden Nachmittag tut sie das; ich soll mich bei ihr wohnlich fühlen, »wie zu Hause«.

In die einzige Konditorei und in die zwei Wirtschaften des Ortes kann ich mich nicht flüchten; dort sitzen bei dem Hundewetter immer welche, die nicht gleich auszusteigen brauchen und daher ein Gespräch anfangen können. Neuerdings vielleicht sogar anfangen müssen! Denn der Weg zur Rede geht über das Gespräch, sagt die »Grüne Post« ermunternd in einem Erfolg garantierenden Artikel: Wie werde ich Redner? – Die »Grüne Post« wird hier sehr viel gelesen.

Viel leider Wahres steht in dem Artikel, so der Satz: Wir können nämlich alle reden; es ist gar nicht so schwer wie es aussieht!

Ach, wäre es doch schwer! Es brauchte ja nicht gleich so schwer zu sein wie das Schweigen. Nur so ein klein bißchen müßte es schwerer sein, als es geworden ist, so schwer etwa, wie es noch vor einem Menschenalter war. Es ist nämlich Tatsache, daß sich auch unsere Zunge dem gepriesenen »Tempo der Zeit« angepaßt hat. Sowohl hinsichtlich der Schnelligkeit der Rede als auch in der Menge des Geredeten. Ein ursächlicher Zusammenhang besteht zwischen Technik, Verkehr und Rederitis.

Es ist nicht nötig, ein Hinterwäldler zu sein, um solchen Zustand nicht angenehm zu finden. Nach dem Willen der

Schöpfung haben nämlich nur drei Kreaturen das Recht, redselig zu sein: Spatzen, Backfische und Abgeordnete. Gegen sie aber kann man sich wehren! Nach Spatzen kann man mit Steinen schmeißen; Backfischen kann man den Mund mit Küssen zumachen; Abgeordnete kann man in geschlossene Gebäude einsperren!

Alle anderen Geschöpfe aber – und selbst die Barbiere – sollte man, wenn nicht zum Schweigen, so doch zur Mäßigung im Gebrauch der Zunge erziehen. Dieweil es ein großer Irrtum ist zu glauben, daß mit dem verstärkten Geräusch um uns auch das Trommelfell unserer Ohren unempfindlicher wurde.

Ich liebe die Menschen ganz bestimmt mehr als jener Arzt für Halsangelegenheiten, zu dem ich neulich über den naßkalten Sommer schimpfte. Er fand dieses Wetter ausgezeichnet. »Egoist«, sagte ich, »weil jeder zweite Mensch in ärztlicher Behandlung sein muß!«

»Egoist schon«, antwortete er, »aber nur, weil ich es angenehm empfinde, daß die Menschen nicht so viel Unsinn reden können, wenn ihnen der Hals weh tut.«

Der Mann ist ein Grobian, und die »Grüne Post« ist für höfliche Politik. Recht hat er aber doch ein wenig, wenn er das meiste von dem, was wir Unterhaltung nennen, als Geschwätz bezeichnet, die Mehrzahl der Reden für überflüssig hält und eine »Höflichkeit« ablehnt, welche die stundenlange Anwendung von Phrasen als gesellschaftliche Kultur ansieht.

»Ja«, wird nun Demosthenes, der Jüngere, sagen, »ein guter Redner ist aber doch ganz etwas anderes!« –

Recht hat er, nur ist der Versuch, Redner dieser Art künstlich zu machen, fast immer untauglich. Das ist ähnlich wie mit dem Künstler-Werden-Wollen. Himmel, was sitzt da alles in Malschulen, Akademien und Konservatorien! Und das Rezept, das Meister Lenbach einer reichen

Dame gab, ist doch so einfach: »Sie gehen in die Stadt, kaufen in einem Laden einen Zeichenblock, ein paar weiche Bleistifte, auch noch einen Radiergummi, setzen sich auf eine Bank und zeichnen!«

Gefahr besteht beim Rednerlehrling nur darin, daß bei diesem Beruf nicht so sehr Form und Inhalt ein Ganzes sein müssen wie beim Künstler. Der Redner braucht nicht Wort- oder gar Gedankenformer zu sein, es genügt, wenn er ein Ton- und Gestenformer ist. Überzeugung von der vorgetragenen Sache? – Ich habe mich als streitbarer Jüngling an Turnieren beteiligt, bei denen wir die Sache, die wir vertraten, vertauscht hatten. Sehr oft kam es vor, daß wir so die gestern ehrlich bekämpften Angelegenheiten vor unparteiischen Zuhörern zum Siege führten. Ist diese »Kunst« nicht einem ganzen Berufsstand eigen?

Teufelskunst, sagten die Alten und nannten die Ausübenden mißtrauische »Advokaten«. Wir nennen sie vertrauensvoll »Rechtsanwälte«. Mit Recht, denn es gibt kein absolutes »Recht«. Ein wenig nachdenken sollten wir allerdings gelegentlich über solche Wandlungen der Auffassung.

Es ist schon so: Allein der Vortrag macht des Redners Glück! Und da wollt ihr nun hergehen und wollt allen denen, die gerne sprechen und sich gerne sprechen hören, das Reden beibringen? Damit die sechs Reden, die wir heute bei jedem Festessen haben, auf zwölf anwachsen und die Dauer jeder Rede auf das Dreifache? Damit jede Konferenz, jede Vereinssitzung noch viermal so lange währt? Wie ist das doch: »Ich habe den Ausführungen meines Vorredners nichts hinzuzufügen, aber ich möchte doch...«, und er redet dreißig Minuten lang dasselbe Zeug.

Liebt ihr von der »Grünen Post« nicht wirklich die Leute, die euch kurz und sachlich Rede und Antwort stehen, mehr als die Wortreichen, die wohl einen Anfang, aber kein Ende finden? Ist es angenehm, auf jedem Weg, auf jeder Bank im Grünen einen weithinschallenden Redner zu treffen, der seine Naturbewunderung oder seine naturgeschichtliche Bildung von sich gibt? Ist euch der Gast, der an seinem Tisch leise spricht, nicht lieber als der laute Beherrscher des Nebentisches, der weiß, warum Nobile scheitern mußte? Ist ein lesender Fahrtgenosse in der Eisenbahn nicht sympathischer als einer, der durchaus seine Meinung über Locarno und den Wiederaufbau anbringen muß? Aus solchen Leuten aber, meine Freunde, aus solchen tönenden Schalen wird sich die Schülerschar eurer »Rednerakademie« zusammensetzen. – Ein gütiges Geschick sende Schwerhörigkeit in die Welt. Was freilich eure Schüler, Vereinsredner, Parteifunktionäre, Sekretäre, Syndici und Abgeordnete nicht hindern wird, trotzdem zu reden.

Mach es wieder gut, liebe »Grüne Post« und stelle ermunternd die Frage: Wie werde ich Schweiger? Das ist zeitgemäßer, entspricht einem größeren Bedürfnis und ist humaner. Setze einen Preis aus für die beste Methode, denn siehe: die Aufgabe ist bei dem Stande der Technik, des Verkehrs und des öffentlichen Lebens sehr schwer. Ein Ozean lärmender Oberflächlichkeit überflutet Stadt und Land, bis in die entferntesten Gebirgsorte, bis in die mitternächtliche Stunde verfolgen dich als Schwatz seine Spritzer.

Predigst du nicht jene Lebensfreude, die in der Heiterkeit der Seele liegt und in der Besinnlichkeit und Einkehr sich bildet? Glaube einem still gewordenen Redner aus vielen hundert Schlachten: Es hat sich zwar der Mensch geändert, und es hat sich die Oberfläche der Erde geändert, nicht aber hat sich das Wesen der anderen Millionen Dinge geändert, die mit uns da sind! Es ist, dem Schöpfer sei Dank, nicht einmal wahr, daß sich der Hund geändert hat. Eine gute Gabe hat die Natur glücklicherweise auch den meisten Menschen gelassen: die Befangenheit, die Angst vor dem öffentlichen Auftreten. Die hätschele, die stärke! Alles was die Prediger der Wort- und Redekunst als Nutzen und Erfolg verheißen, ist gering gegen die Süße dessen, was ein stiller Mensch erleben kann: Die große, unendliche Natur wird schöner und wird faßbar; Blumen duften schwerer, Bäume wandern an Wegen und über Berge in blaue Fernen; Vögel sind Erscheinung gewordene Heiterkeit Gottes, Steine erwachen aus ihrer Starre; die Ewigkeit deutet dir an einem Erntefeld den Begriff der Sekunde; und der Regen gar, ihr Stillen, der Regen, die Wolken, der Wind und das Geheimnis der verkoteten, staubigen Straßen!

Jedwedem Ding wächst eine Seele zu und unsere versinkt darüber keineswegs in Sentimentalität, sondern freut sich der reifenden Trauben. Aber es ist die Sprache der Stille, die laut wird umher, und sie trifft nicht unser leibliches Ohr, sie trifft die Seele. Und das ist nicht Ablenkung von der Wirklichkeit in spielerische Nichtigkeiten, das führt den Menschen in die Einfachheit seiner Beziehungen zu Tier, Baum und Erde. Das erlaubt ihm aber auch, der Hohlheit des Wortgeklingels und der angelernten Geste entgegenzusetzen die Klarheit des Gedankens und den Willen zu ehrlicher Handlung.

Gepriesene Stille! Wie aber kommt man zu ihr? Durch die Befolgung des Willens, von nun an weniger zu reden. Allerdings kann sich einer wohl leichter das Rauchen abgewöhnen als das Reden. Hinderlich ist auch die Ansicht, die »Höflichkeit« erfordere das Plappern. Wahre Höflichkeit begnügt sich mit einem Gruß und der Antwort auf eine Bitte um Auskunft. Freilich, wenn ihr reist, werdet ihr bei anderen Gästen mitunter in den Ruf kommen, hochmütig zu sein. Dagegen gibt es ein einfaches Mittel: Seid stets heiter und liebenswürdig zu allem Personal. Hochmütige Menschen sind das nicht. Also könnt ihr nicht hochmütig sein. Wer ein solches Verhalten seine Ferienwochen durchhält, hat den ersten Schritt zum Schweiger getan. Andere Mittel weiß ich nicht. Wem es am Willen mangelt, der bade diesen Sommer in den heimischen Seen, sitze bis zehn Uhr abends auf dem Balkon oder schlafe im Freien. Ein hartnäckiger Katarrh noch wird ihm durch Redebehinderung eine Bereicherung seines Herzens und Hirns schenken.

Wäre ich der Graf Hermann Kayserling, ich gründete statt einer Schwatz-Schule eine Lehranstalt für Schweiger. Sie würde den Begriff »Schule der Weisheit« besser dekken. Lasset uns schweigsamer werden! Es braucht ja nicht so weit zu gehen wie bei jenen vier friesischen Sonderlingen in einer Weinstube. Drei Stunden saßen sie da, und keiner hatte ein Wort gesprochen. Da erhob sich der eine und sagte: »Geht jemand nach Hause?« Keiner antwortete, und er ging. Nach einer Stunde öffnete der zweite den Mund und sagte: »Unerträglicher Schwätzer!« Die anderen schwiegen weiter, bis nach einer weiteren Stunde der dritte fragte: »Wer?«, worauf nach wieder einer Stunde der vierte den dritten vorwurfsvoll ansah, wortlos nach Hause ging und – aus dem Verein austrat.

Die Grüne Post, 1. Juli 1928

Hanseaten und Bürokraten

Und da keiner wollte leiden,
Daß der andere für ihn zahle,
Zahlte keiner von den beiden.

Werden sich die Bayern eins lachen! Immer wenn von den Torheiten des Partikularismus die Rede war oder von der Gefährlichkeit übertriebener Eigenstaatlichkeit, hoben sich die Finger in Norddeutschland und zeigten nach Süden; taten das, obwohl die berechtigten Ursachen solcher Fingerzeige bestimmt nicht zahlreicher südlich des Mains waren, als nördlich. Nur die Empfindlichkeit war da unten etwas größer, sie reagierte lauter auf vermeintliche und wirkliche Verletzungen »angeborener Stammesrechte.«

Als Kinder lernten wir den Begriff Partikularismus an einer Geschichte, die wir als Witz nahmen. Die Feuerwehr in Poggenhausen, stolz auf einen Brand in ihrem Dorfe, richtet die Schläuche gegen die zu Hilfe eilende Feuerwehr aus Poggenhofen: »Schert euch zum Teufel, das ist unser Feuer!«

Vor einigen Wochen ging die Nachricht durch die Blätter, ein badischer Ort sei abgebrannt, weil die württembergische Feuerwehr an der Grenze, dicht vor dem brennenden Dorfe, Halt machen mußte. Ungerufen hätte sie eines anderen Staates Hoheitsrechte verletzt. Mit den Tageszeitungen machten sich die Witzblätter über die Geschichte her. Aber nun können sie sich eins lachen, die Bayern, Württemberger und Badener und mit dem Finger nach Norden zeigen.

Kurz vor der Elbmündung liegt eine gewaltige Menschensiedlung. Sie hatte verschiedene Namen, aber für den Fremden heißt sie kurzweg Hamburg. Die Eingeborenen sind sehr stolz auf ihre Stadt, die die erste, großzügigste und interessanteste sei im deutschen Lande. Wir im Reiche haben es uns angewöhnt, ebenfalls mit einer gewissen Verehrung und mit Stolz von Hamburg zu sprechen. Hamburg, das ist so die Fahne der deutschen Weltgeltung! Und wenn wir ganz feierlich sind, bei Stapelläufen und ähnlichen Dingen, dann schreiben wir von Berlin bis München in unseren Artikeln von dem »kühnen und freien Hanseaten-Geist«.

Die mit dem Wasser der Unterelbe Getauften sind bei allem Lokalstolz nicht ganz so freigiebig mit diesem Hanseaten-Geist. Sie erfahren nämlich alle Tage, was dieser Geist nebenbei für Schwächen hat; Schwächen, die nicht allein in der Zerstückelung des Gebietes und in ewigen preußisch-hamburgischen Grenzstreitigkeiten bestehen, sondern vielmehr noch in gegenseitiger ausgesprochener Schikaniererei.

Dem Fremden ist das egal, der geht durch Hamburg und weiß nicht, daß sein linker Fuß im hamburgischen Gebiet soeben noch gesündigt hat, während der rechte schon im preußischen Altona in Sicherheit ist. Spitzbuben und Rowdies freilich wissen es und nutzen es aus.

Wieder einmal wirft der Hanseaten-Geist zwei weithin sichtbare Zeugnisse in die Welt: Stapellauf der zwei größten deutschen Schnelldampfer, »Europa« in Hamburg, »Bremen« in Bremen. Den einen ließ der amerikanische Botschafter Schurman zu Wasser gehen, den anderen Reichspräsident von Hindenburg. Solche Stapelläufe sind auch wirklich schön, sind Feste, an denen die ganze Bevölkerung teilnimmt.

In Hamburg freilich wäre es beinahe nichts geworden mit diesem Fest, denn um ein Kleines hätte ein Feuer die ganze Stadt gefressen. Und nicht, weil ein böser Geist das rote Element entfesselte und mit Sturm und unglücklichen Zufällen menschliche Abwehr nutzlos machte, sondern weil partikularistischer Ungeist und ein großer Haufen Bürokraten-Köpfe sich anschickten, aus einem Speicherbrand eine Riesenkatastrophe zu machen. Ein glücklicher Zufall nur hat es verhindert.

Wie eine mobilisierte Division stand die mit Recht als mustergültig bekannte Hamburger Feuerwehr bereit, den großen Speicherbrand im Wilhelmsburger Hafen zu löschen. Aber Wilhelmsburg ist für die Eingeborenen der Unterelbe preußisches Gebiet, und die unzulängliche preußische Feuerwehr aus Harburg-Wilhelmsburg ließ lieber einen Speicher nach dem anderen abbrennen, ließ die Elbe durch brennendes Öl zu einem Feuerstrom werden und gen Hamburg treiben, als daß sie die Hamburger Feuerwehr zu Hilfe riefe. »Das ist unser Feuer!«

Preußische Borniertheit, sagen die aus den nichtpreußischen Gebieten erhobenen Zeigefinger. Es ist etwas Wahres daran, aber diese Finger sollen nicht vergessen, auch auf die mehr beliebte Hansestadt zu tippen: Warum in aller Welt stand diese ob ihrer Tüchtigkeit berühmte Hamburger Feuerwehr Gewehr bei Fuß? Konnte sie schon zusehen, wenn preußische Speicher verbrannten und Millionenwerte vernichtet wurden, mußte sie aber nicht vielmehr die Schranken eines dummen Partikularismus niederreißen, als Feuer und Rauch sich gegen Hamburg wälzten und Hafen und Stadt zu erfassen drohten?

417-mal wurde die Hamburger Feuerwehr von Bürgern, die mit Recht entsetzt waren, angerufen und um Einschreiten gebeten. Sie lehnte ab, denn noch brannte nur preußisches Gebiet. Und was da nach Hamburg hineinflog an Funken und Rauch, war ja kein Hamburgisches Erzeugnis.

Bei aller Liebe für die herrliche Stadt und für ihre Menschen muß man gerechterweise doch sagen... Bitte, machen Sie sich einmal das Vergnügen und fahren Sie in Hamburg mit der Straßenbahn. Da lesen Sie in einem einzigen Wagen diese Verbote und Verordnungen:

Das Besteigen oder Verlassen des Wagens während der Fahrt ist lebensgefährlich und streng verboten!

Das Besteigen oder Verlassen der Wagen ist nur an den durch Haltestellenschilder kenntlich gemachten Haltestellen bei haltendem Wagen gestattet!

Ist das Abfahrtssignal bereits gegeben, oder ist der Wagen nach Abgabe des Haltesignals noch nicht völlig zum Stillstand gelangt, so darf der Wagen nicht verlassen oder bestiegen werden!

Vorn sechs, hinten sieben Stehplätze!

Beim Absteigen linke Hand am linken Griff!

Auf- und Abspringen während der Fahrt wird polizeilich bestraft!

In den Kurven festhalten!

Die Unterhaltung mit den Fahrgästen ist dem Wagenführer verboten!

Der Zugang zu dem Wageninneren ist nur vom Hinterperron aus gestattet!

Warnung! Vierzig Straßenbahnunfälle durch Auf- und Absteigen während der Fahrt im Monat August!

Platz für den Schaffner!

Beim Niesen, Husten und Spucken bediene dich des Taschentuches!

Auszug aus den Fahrbedingungen: Verhalten der Fahrgäste und so weiter, und so weiter ...

Bitte sehr, in einem Wagen! In keiner Stadt der ganzen Welt, auch nicht in der allerpreußischsten Kleinstadt findet man eine solche behördliche Gängelei. Das mit dem Taschentuch ist besonders wichtig für eine Hafenstadt wie Hamburg. Wo Hein und Jan, wenn sie vom Hafen kommen, ganz bestimmt so'n neumodischen Kram mit sich herumschleppen. Aber die Straßenbahn ist es nicht allein. Die Hochbahn und die Fährboote sind genauso gepflastert: Das Mitbringen von Hunden in die Lokale ist polizeilich verboten! Von wegen der Hygiene. Ich kann mir schon vorstellen, daß mein artiger und gesitteter Iwan in den Hafenkneipen von Sankt Pauli zwischen all dem lieblichen priemenden und spuckenden Menschengewimmel sehr unhygienisch wirken müßte. Gesundheitspflege über alles! Und da man konsequent sein muß, ist es nur selbstverständlich, daß auch auf Straßenbahnen, Boote und Fährboote kein Hund mitgenommen werden darf.

Ich nehme mir in Altona eine Droschke und fahre an die Alster, steige aus und bezahle. Da entdecke ich, daß ich in meinem Altonaer Hotel etwas vergessen habe und will mit dem Wagen zurückfahren. Sagt mir der Schofför, das ginge nicht an, Altonaer Droschken dürften wohl nach Hamburg Fahrgäste bringen, müßten aber leer nach Altona zurückfahren. Und wirklich mußte ich mich auf die Suche nach einem neuen Wagen machen. Der erste, den ich erwischte, war wieder ein Altonaer. Dann aber bekam ich einen stammeseigentümlichen Hamburger und konnte nun die zwanzig Minuten Fahrt nach Altona antreten.

Der Altonaer Polizeipräsident, den ich nach diesem Eulenspiegelstreich fragte, beteuerte mir, daß Hamburg mit dem Verbot angefangen habe. Zum Schutze der Altonaer Droschkenkutscher habe er nun verordnet, daß auch die Hamburger Droschken keinen Gast in Altona aufnehmen dürften.

Die Reihe solcher Grotesken ist lang. Presse und Bürger von Hamburg und Altona gehen seit Jahren dagegen an. Aber es scheint, als müsse erst eine Katastrophe hereinbrechen, bevor mit diesem mittelalterlichen Verwaltungssystem aufgeräumt wird.

Wir blamieren uns bis auf die Knochen in aller Welt, schreibt die Hamburger Presse aus Anlass der Feuerwehrkomödie. Welchem Bekenntnis leider nicht zu widersprechen ist. Um den alten frischen Hanseaten-Geist, der in mächtigen Handelsbilanzen, bei Auslandsbesuchen und Stapelläufen immer imponierend an die Öffentlichkeit tritt, rankt sich mit Polypenart muffigster Bürokraten-Geist und droht ihn zu ersticken. Oder doch, was vielleicht noch schlimmer ist, ihn lächerlich zu machen! Die Bayern können sich eins lachen!

Die Grüne Post, 18. August 1928

Tiefstand der Gefühle

Die stolze Wut deiner Gedanken,
die des Lebens Geheimnis durchbricht,
verebbt vor der Sterne mildem Licht,
das lächelnd kündet des Wissens Schranken.

Dieser Tage habe ich einen Menschen, mit dem ich zusammen arbeite und den ich recht gern mag, ohne rechtschaffenen Grund angeschrien. Ich wollte das gar nicht tun, wohl ein Dutzend Jahre ist es her, seit mir dergleichen passierte. Aber das Schlimmste ist, ich kann nicht einmal sagen, wie es eigentlich kam, auch nicht, daß meine Unbeherrschtheit mir nachher leid getan hätte. Ja, ich war sogar sicher, daß jenes böse Wort, das da plötzlich im Zimmer zwischen uns hing wie eine schwarze Wolke und unsere Gesichter verfinsterte, gar nicht aus mir gekommen sein konnte.

Als ich am Abend auf die Straße trat, regnete es und überall, wo ich auch hinschaute, hing eine dicke, schwarze Wolke zwischen den Dingen und Geräuschen. Es war eine Art Umkehrung des Falles, in dem einer überall einen großen, roten Fleck sieht, weil er in ein blendendes Licht blickte. Die Menschen auf den Straßen stießen sich an und schimpften, und in der überfüllten Straßenbahn war greifbar eine Feindschaft aller gegen alle. Es war das direkt komisch, denn die Leute sahen aus, als sei ihnen persönliches Unrecht geschehen und als hätten sie die Gewißheit, der Mitmensch trüge Schuld an dem schlechten Wetter. Ich erinnere mich, daß auch der sonst sehr freundliche Portier mürrisch darein sah und daß das junge Mädchen, das für mich schreibt, seit zwei Tagen anscheinend über etwas beleidigt ist.

Das Abendbrot war seltsam reizlos, ich mußte allein essen, denn meine Frau fühlte sich unpäßlich und war schlafen gegangen. In der Zeitung las ich, daß in den letzten acht Tagen sich die Selbstmorde gehäuft hätten, so hoch, wie nie in einer dunkel duftenden Maiwoche, und daß auf der Straße viele Menschen ums Leben gekommen seien. Und die leicht hingeworfene Bemerkung eines Reporters, dies alles sei möglicherweise eine Folge des Wetters, das empfängliche Menschen deprimiere, wuchs aus einem Verlegenheitssatz zu einem großen Baum, der peinliche Früchte der Erkenntnis über mein ruhiges Selbstgefühl schüttelte.

Es regnet in gleichmäßig schweren Strichen die ganze Nacht. In kurzen Intervallen reißt der Wind Löcher in die strömende Schraffierung. Sekundenlang ist es dann ganz still, nur das stürzende Wasser in den Fallröhren der Dachtraufe klappert hell, und der gleichmäßige Ton näht das zerrissene Gewebe des Regenvorhangs wieder zu. Stundenlang.

Wir nennen die Einförmigkeit einschläfernd, diese aber ist von gegenteiliger Wirkung. Da ich mein Leben lang schlafen konnte wo und wann ich wollte, ist es begreiflich, daß ich nun anfange, über die Ursache dieses Wachenmüssens zu sinnen und in einem Zustand des Dämmerns schließlich mit zwei Bällen jongliere, auf denen geschrieben steht: »Wetter« und »Unbeherrschtheit«. Nun muß es wohl schon lange nach Mitternacht sein. Da höre ich auf dem Flur leise Schritte; es ist mein großer Hund, der auf und ab geht. Wenn er neben den Teppich tritt, geben die Nägel seiner Zehen einen klappernden Ton. Am Tage hört man das kaum, jetzt aber ist mir, als müsse es durch das ganze Haus dringen. Mitunter läßt sich das Tier schwer zu Boden fallen, der dumpfe Fall setzt sich als tiefer Seufzer fort. Vielleicht haben wir uns auch verständigt – seltsam zart und voll Fülle sind die seelischen Schwingungen alles Lebendigen in den grauen Nächten – der Hund kommt an meine Tür und kratzt. Da er dies nie tat, öffne ich ihm rasch. Beim fahlen Licht, das der verhängte Mond durchs Fenster wirft, sehe ich, wie mich der Hund anschaut und sich vor meinem Bett niederlegt.

Ich bin nicht geneigt, ein Geheimnis der Natur in einem Hundeblick zu sehen, es war wohl nur die Bitte, hier schlafen zu dürfen. Aber er schläft nicht, schon nach kurzer Zeit steht er auf und geht leise, fast schlürfend im Zimmer umher. Mitunter bleibt er stehen und sieht zu mir herüber, und es ist mir klar, daß das Tier weiß, der Mensch stellt sich nur schlafend. Ich habe das Gefühl, mich schämen zu müssen, spreche ihn an, stehe dann einfach auf, ziehe meine alten Wandersachen an, nehme den Hund und gehe mit ihm durch die naßblinkenden Straßen der großen Stadt.

Nächtliche Parks und Wälder sind schön, auch bei Regen und Wind. Aber dies Bild verstimmt und ärgert mich. Es ist wie die gelungene, an Zwischentönen reiche Photographie einer Landschaft, über die ein ungeschickter Zeitungsmensch einen groben Raster gehen ließ. Da dieser Gedanke mich mit Erfahrungen meiner Arbeit zusammenbringt, ist es nur gegeben, daß nun auch wieder das unbeherrschte Wort von heute morgen da ist. Dick und schwarz hängt es zwischen den Bäumen, geht vor mir her und läßt sich weder vom Knacken der Äste, vom stoßenden Pfeifen des Windes noch von meinem geistigen Grinsen über die Novembersentimentalität eines vielleicht nur übermüdeten Herzens verjagen.

Im Gegenteil, die lächerliche Wolke wächst immer mehr, und ob ich sie nun auch als gewöhnlichen Nebel erkenne, sie verwischt doch die Dinge umher und auch die Geschehnisse meines engeren Lebens. Aus der Erinnerung werden lebendig die Sturmfahrten über die großen Meere, die wilde Lust am Toben der Elemente, und daß wir hinterher oft uns schämten, noch tollere Wetter herbei gewünscht zu haben, obwohl Angst schon die Reisenden umschlich. Manchen von uns hatte der Wechsel zwischen Ebbe und Flut böse erregt, ohne daß wir wußten, warum das so war.

Das Weichen und das Kommen des großen Wassers soll das Fieber mildern oder verstärken, je nachdem der Kranke in den Wechsel der Gezeiten eintritt. Sie glauben es alle an den Küsten der Meere, kluge Ärzte auch, sie haben schon seit Monaten gewußt, daß dies ein November wird mit bösen Stürmen und gewaltigen Opfern. Sie waren überzeugt, daß wir ein Katastrophenjahr erleben mußten, und sie haben nicht unrecht gehabt. Aber dann!

Die Erde ist doch kein absolutes Ding, das unabhängig und nach eigenen Gesetzen im Raume schwingt. Welche auch immer die Kräfte sind, die den Erdball beeinflussen, wäre es nicht vermessen und lästerlich nun anzunehmen, der kurzbefristete und unzulängliche Mensch sei unabhängig von seiner Erde? Er mag seinen stolzen Geist anwenden, um sich, seine Mitmenschen, sein Volk, ja, das ganze Menschengeschlecht in bestimmte Gesetze des Handelns zu zwingen, er mag versuchen, die Natur sich dienstbar zu machen – immer wieder wird er doch vor der

Unmöglichkeit stehen, die Verbundenheit mit dem Allwirken zu lösen, mag er sie auch als unnütz ansehen. Sie wird in ihm wirksam bleiben und vielleicht um so stärker, jedenfalls um so unangenehmer und nutzloser für die Allgemeinheit, je weniger der Mensch solche Wirkungsmöglichkeiten gelten läßt. Und in den stürmisch erregten Zeiten, in denen die Natur an ihrem Geschöpf rüttelt, wird er unruhig werden, hart und sicher auch ungerecht. Er wird Konflikte eher verschärfen als beilegen. Er wird sein Herz verschließen gegen Menschen, die unter ihm stehen, als Richter härtere Urteile fällen, als Politiker Dummheiten machen, als Diplomat Völker verärgern; und als Arbeitgeber im Stahlverband wird er sich vielleicht nichts dabei denken, daß eine Million Menschen Not leidet bis weit über Weihnachten hin und daß die deutsche Wirtschaft um Beträge geschädigt wird, von denen ein Bruchteil gereicht hätte, die Lohnzahlungen auf Jahre hinaus zu decken...

Sollte der Tiefstand des Barometers also nicht auch den Tiefstand menschlicher Gefühle anzeigen können? Die Kraft der atmosphärischen Einflüsse auf die Menschen und ihre Handlungen in Ehren, ich will sie lieber nicht als Entschuldigungsgrund für meine und anderer Menschen heikle Handlungen reklamieren. – Mein nächtlicher Ausflug kommt mir langsam lächerlich vor, ich pfeife meinem Hund und gehe nach Hause.

Das Barometer steht auf 720. Das ist ein sehr seltener Vorgang, und ich will morgen doch meinen meteorologischen Freund fragen, ob meine nassen Phantasien einen trockenen wissenschaftlichen Beistand verdienen.

Die Grüne Post, 2. Dezember 1928

Herzen unterm Gefrierpunkt

Der kalten Brust
Fehlt Kraft und Lust,
Und ihre Tat wird Wind.
(Ernst Moritz Arndt)

Worüber reden die Leute in diesen Wochen in Europa? Über die Kälte. – Diplomaten, Politiker, Geldmenschen, Arbeitnehmer. Zu Hause, im Büro, unterwegs. Wichtige politische Besprechungen werden so eingeleitet, Verhandlungen abgeschlossen. Fremde Personen finden sich in der Beurteilung der Kälte als eines menschenunwürdigen Zustandes. Von Moskau bis Madrid und von London bis Athen – ganz Europa.

Da fällt es auch jenen, die weniger unter der Kälte leiden, nicht ein, außer der Reihe zu tanzen. Sie stimmen dem allgemeinen Urteil bei und lesen wie alle anderen in der Zeitung zuerst die Nachrichten über die böse Frostperiode, ihre vermutliche Dauer und ihre katastrophalen Auswirkungen. Und stellen fest, daß durch die Kälte alles, was lebt in Europa, in eine unangenehme und unbequeme Lage gekommen ist; die Hälfte in Gereiztheit und Unproduktivität, ein Viertel in Entbehrung und Not und ein großer Teil in Elend, Krankheit und Tod. Welche letztere Gruppe, wie bei allen Ereignissen elementaren Ausmaßes, hauptsächlich aus Menschen besteht, die schon vorher schwach und arm waren.

Es wäre also eigentlich gegeben, in diesen Tagen und Wochen allgemeinen Redens und Klagens über die Kälte in Europa nun nicht auch noch hier darüber zu schreiben. Es geschieht auch nur, weil ich gestern ein Gleichnis und eine Nutzanwendung hörte, die anzubringen gerade hier die geeignete Stelle sein dürfte.

Ich war als einer der Glücklichen, denen die Kälte nicht sonderlich etwas ausmacht, durch den weißen Wald gegangen und über das harte Feld und saß nun im Dorfwirtshaus bei guten Bekannten. Als nach einer Stunde einer meinte, jetzt sei eigentlich genug über die durch die Kälte gelähmte Welt gesprochen, über eingefrorene Schiffe und über die schweren wirtschaftlichen und gesundheitlichen Schäden solcher frostiger Epochen und daß es eben den Anschein habe, als ginge diese alte Welt einer neuen Vereisung entgegen, da sagte der alte Dorfkantor Bruck etwa dies:

Da stehen nun in allen Ländern Europas die Zeitungen voll davon, wie unangenehm peinlich und entmutigend die Menschen aller Schichten und Völker die Tatsache empfinden, daß das Quecksilber so tief unter den Gefrierpunkt gerutscht ist. Warenaustausch und Verkehr, sagen sie, sei gefährdet, und abgesehen von solchem wirtschaftlichen Schaden verspüre man auch, wie sehr die Kälte einer der bösesten Feinde des Lebens sei. Sie zeige die Menschen nackt und ohne Maske, mache sie gereizt und ungerecht und beeinträchtige dadurch jede Entwicklung. Kälte sei Stillstand und Rückgang des Lebens. So unbestreitbar das alles auch ist, so sehr wundere ich mich doch, daß keiner der klugen Bekrittler des Wetters, der Politik, der Wirtschaft und des Volkslebens darauf kommt, eine gute und heilsame Lehre aus solchen Kältebeobachtungen und Kältezuständen zu ziehen und zu verbreiten. Ich meine: Schlimmer und gefährlicher für die Entwicklung des Lebens in Europa als diese Kälte der Luftströmungen, die an unsere Nasen, Ohren und Hände faßt, die unsere Ernten beeinträchtigen kann, unser Vieh zermürbt und unsere Geschäfte verdirbt, von der wir aber doch wissen, daß sie begrenzt ist, viel schlimmer für alles Leben in Familie, Volk und Menschheit ist eine andere »Kälteperiode«, nämlich die dauernde und wachsende Erkaltung seelischer und herzlicher Regungen und Beziehungen, wie wir sie seit Jahren in Europa haben. Wir verblümen das mit hundert schönen Namen: Sachlichkeit, Militarismus, Realpolitik, Materialismus, Rhythmus der Zeit, Freiheit des Genusses, heiliger Egoismus und so weiter. Aber diese Namen sagen doch alle nur das eine: daß mit dem Fortschreiten der Technik, Wissenschaft und Wirtschaft wohl eine Allgemeinentwicklung des menschlichen Verstandes festzustellen ist, nicht aber ein Wachsen der menschlichen Vernunft, dafür jedoch eine Vernachlässigung der Herzensbildung. Nicht daß ich die Verminderung der privaten und öffentlichen Sentimentalität bedauere, nein, ich denke nur daran, wieviel nüchterner, egoistischer, brutaler wir Menschen mit jedem Jahr trotz aller Humanitätsbeteuerungen geworden sind, die Kinder schon im Hause, wir im Beruf, in Organisationen und Parteien, in Geschäften, Literatur, Schule, Kirche, Moral und Genuß.

Wir reden uns damit heraus, daß wir persönliche Angelegenheiten wie Gutherzigkeit, Nächstenliebe und Mitleid »objektiviert« hätten, indem wir soziale Fürsorge trieben, Krankenversicherungen hätten, Altersrenten, Arbeitslosenunterstützungen. Die Veräußerlichung unseres Lebens ging eben bis zur Veräußerung persönlicher Verpflichtungen des Einzelmenschen. Wir organisierten die Gefühlsregungen und gaben ihnen eine schmale Rente aus unseren politischen und kaufmännischen Geschäften.

Es ist so weit gekommen, daß wir uns schämen, Gefühl zu zeigen. Weil das unmodern ist und dem Weiterkommen hinderlich. Jawohl ich kenne Männer, tüchtige Leute, die nicht recht weiterkommen, weil sie als Vorgesetzte »zu gutmütig« sind. Wir sind eben ganz allgemein kälter geworden. Es lamentiert da nicht ein alter Mann, der Idyllen nachtrauert. Man wird mir die Frische der heutigen Jugend entgegenhalten, den Sport, die Natürlichkeit der berufstätigen Frau, die Entstaubung der öffentlichen Moral. Mit Recht, obwohl solche Entgegnungen oberflächlich sind. Denn dies Gute der neuen Zeit braucht nicht erkauft zu werden durch die Senkung der menschlichen Herzen unter den Gefrierpunkt. Oder aber man müßte bewußt eine Menschheit heranbilden wollen, die aus Individualisten besteht. Das Ziel aber auch jener, die sich nicht genug tun können im Predigen der Nüchternheit und Sachlichkeit, ist doch die Schaffung eines besseren Gemeinschaftslebens, einer Menschengemeinschaft. Dies Ziel aber ist nie zu erreichen allein durch den Verstand. Die Voraussetzung dafür ist das Gefühl der menschlichen Verbundenheit, das nicht eigensüchtig rechnet.

Sehen Sie sich unser öffentliches Leben an, unsere krassen politischen und wirtschaftlichen Kämpfe, die Unduldsamkeit auf Straßen, in Häusern, im Beruf, in Kirche, Schule, Wissenschaft und Kunst! Betrachten Sie den egoistischen Grundton in den Verhandlungen der Völker, das Mißtrauen in Stadt und Land, die Gehässigkeit innerhalb eines Volkes, eines Betriebes, die Gleichgültigkeit gegenüber anderem Leid, und Sie werden mir Recht geben, wenn ich sage: Es liegt eine Kältezeit über den Herzen in Europa, die schlimmer ist als jene, die uns die Ohren erfrieren läßt. Weil wir nicht fühlen, wie unsere Herzen frieren, und weil wir nicht wissen, ob hinter dieser erstarrenden Gefühlswelt ein Frühling steht oder eine noch ärgere Vereisung. Da wir aber auf den Frühling hoffen, hielte ich es für richtig, den Menschen in Europa gerade jetzt, wo sie in allen Schichten und Ländern fühlen, wie unangenehm und schädlich Kälte ist, das Thermometer der Menschheitsgefühle nachdrücklich vor die verkühlten Gesichter zu halten. Damit sie auftauen und jene verstehen und erwärmen, welche durch die wachsende Kälte im Volks- und

Menschheitsleben irre geworden sind in ihrem Zusammengehörigkeitsgefühl.

Ich dachte zuerst auch, es wären nur die Bekenntnisse eines altmodischen Mannes. Als ich aber spät abends auf dem Weg zum Bahnhof zwei mir als biedere Familienväter bekannte Männer überholte und hörte, wie der eine eifernd sagte: »Das wird erst anders, wenn man ein paar von den Kerls in Berlin an die Wand stellt!«, da konnte ich den Worten des Kantors die Berechtigung nicht bestreiten. Und da war es mir zum ersten Male in diesen kalten Wochen, als würde ich ein wenig frieren.

Die Grüne Post, 15. Februar 1929

Redseligkeit

Viel und gut reden ist das Talent des Weltmannes;
wenig und gut der Charakter des Denkers;
viel, belanglos und schlecht die Unart des Witzlings,
der Schwätzer, Nichtskönner und aller Alltagsköpfe
(Demokritos)

Es soll keineswegs bestritten werden, daß ein geschmiertes Mundwerk heutzutage ein Mittel ist, rascher vorwärts zu kommen. Widerspricht solche Feststellung auch der allgemein verbreiteten Ansicht, dieses »Zeitalter der Sachlichkeit, Nüchternheit und Arbeit« ließe keine Zeit für den allzu reichlichen Gebrauch der Worte, so ist sie deshalb nicht weniger zutreffend. Unzutreffend ist nämlich nur die Auffassung, infolge der größeren Schnelligkeit der Verkehrsmittel und der stärkeren Mechanisierung der Arbeit sei auch der Mensch unserer Tage schneller und sachlicher geworden. Lobredner der Hatz erfanden das Schlagwort vom »Rhythmus unserer Zeit«. Sie wollten damit den Eindruck erwecken, als sei der Telegrammstil auch die Ausdrucksweise jener Menschen geworden, die in Politik, Wirtschaft und überhaupt im öffentlichen Leben führend sich betätigen.

Die Beobachtung, daß es mit dem jagenden »Rhythmus der Zeit« nicht so weit her ist, könnte uns also nur freudig stimmen. Leider geht das nicht, weil nicht stille Arbeitsamkeit und besinnlicher Lebensgenuß hinter dem Lärm des Alltags und dem lobpreisenden Phrasengeklingel auftauchen, sondern die Überschätzung der Redetüchtigkeit. Niemals wurde in und um Politik, Wirtschaft, Arbeit, Technik und Kunst so viel geredet wie heutzutage. Und es ist die gefährliche Erscheinung zu bemerken, daß aus dem breiten Feld einer nüchterner und sachlicher gewordenen Arbeit immer mehr brauchbare Kräfte ausspringen und sich am zerquatschten Rande des öffentlichen Lebens ansiedeln.

Im Freistaat Sachsen, dort wo sich der Ostzipfel der Oberlausitz hinabsenkt ins tschechische Gebiet, liegt zwischen schönen Waldbergen ein freundliches Badestädtchen. Es suchte neulich einen neuen Bürgermeister, schrieb die Stelle aus und bekam zweihundert Bewerbungen. Nach langem Sortieren blieben drei Mann übrig, unter denen man sich nicht zu wählen getraute. Man lud deshalb die drei Herren ein und ließ jeden vor Stadtverordneten und der Bürgerschaft einen Vortrag halten über die »Aufgaben eines modernen Gemeindewesens unter besonderer Berücksichtigung des Charakters als Kurort«. Aus dem öffentlichen Redekampf ging ein junger Magistrats-Obersekretär aus Reichenbach als Sieger hervor. Er hatte so fabelhaft geredet, daß die Gemeinde über seine sechsundzwanzig Jahre hinwegsah und ihn zum Bürgermeister wählte. Wir wünschen, daß es dem neuen Stadtoberhaupt gelingen möge, der »Perle der Oberlausitz« die erwartete goldene Fassung zu geben. In die Anerkennung über das bei dieser Wahl geübte Verfahren aber können wir nicht einstimmen; wir sehen vielmehr mit Entsetzen, was im deutschen Lande wird, wenn das Beispiel Nachahmung findet.

Diese Gefahr droht! Bitte sehen Sie sich um! Schüler werden gedrillt, in Redewettkämpfen ihre Zungenfertigkeit zu messen. Den Sieger erwartet die Bereitwilligkeit ernster Männer, ihm Wege in die Zukunft zu bahnen. Berufsorganisationen lassen Tagung auf Tagung folgen und füllen sie aus mit Reden. Immer sind zwei Drittel des Gesagten überflüssig, enthalten längst Gesagtes. Immer sind es die Beherrscher des glatten Wortes, die sich vordrängen. In der Wirtschaft ist es nicht anders. Die Zeit, die wir durch Telephon, Flugzeug und die Schnelligkeit der Wagenräder sparen, füllen wir aus mit Besprechungen und Konferenzen.

Und erst die Politik! Das Wesen der Politik gewinnt Kräfte und übt Wirkung aus durch das Reden, gewiß. Aber dies alles ist doch relativ wie die Zeitgewinnung durch Auto und Flugzeug. Der Gegner, ob es nun der geschäftliche oder politische ist, benutzt die gleichen Mittel, so daß sich die Vorteile stets gegenseitig aufheben. Und übrig bleibt nur ein gesteigerter Verbrauch von Worten, der gleichbedeutend ist mit einer vergrößerten Unruhe. Ja, wenn wir Menschen das Reden so rationell, so knapp und sachlich gestalten würden wie unsere Techniker die Arbeit der Maschinen!

Ich kann nicht dafür, daß ich die gepriesene Zivilisation Europas immer wieder in das Bild eines Ackers zwänge. Ein entfesseltes, geiles Wachstum trügt über breite ausgefrorene Stellen, trägt funkelnde Blüten und wenig Frucht, powert aber dafür den guten Mutterboden immer mehr aus. Lassen wir getrost von dem gedankenlosen Schwatz, dies redselige Zeitalter sei eines der Nüchternheit, Knappheit und Sachlichkeit, und gestalten wir es so, daß es in Politik, Wirtschaft und Arbeit wirklich sachlich werde...

Die Grüne Post, 3. Mai 1929

Faust aufs Auge?

Man mess' den Mann nicht nach der Elle aus;
meist wohnt ein kleiner Geist in einem großen Haus.
(Mittelalterliches Sprichwort)

Damit es keine Mißdeutungen des Schreibers und seiner Motive gibt: Jederzeit hundert Worte für den Sport, zehn für das Boxen, keins gegen das Schauboxen, aber – aber tausend Worte gegen den Versuch, einem Kulturvolke einzureden, sein Ansehen in der Welt wachse mit der Fähigkeit eines seiner Söhne, einem Menschen anderer Nationalität geplatzte Lippen, verquollene Augen und ein zertrümmertes Nasenbein beizubringen.

Sie verweisen gern auf das Beispiel Amerikas, auf ein Volk, dessen Gegenwart Europas erstrebenswerte Zukunft sei. Ich bin der Letzte, der voreingenommen gegen dieses naturwüchsige Volk wäre – dafür habe ich achtzehn Monate zu gut mit ihm gelebt. Aber die Zukunft Europas denke ich mir doch etwas sittlicher und geistiger als die Gegenwart Amerikas. Und wenn wir schon etwas lernen wollen von der Lebensart der Menschen jenseits des großen Wassers, warum dann nicht lieber von ihren unzweifelhaften Vorzügen statt von den peinlichen Nachteilen jungenhaften Wesens? Beispielsweise könnten wir den Grundsatz übernehmen, daß keine Arbeit schändet, der Berufsdünkel der übelste aller Dünkel ist, auch die niedrigste Tätigkeit den Menschen adelt, der damit sich und außer kriegslüsternen und kriegführenden Leuten, kein vernünftiger Mensch in der Schnelligkeit, die Erde zu umfliegen, das Wunder dieser Fahrt sehen. Ist es denn für die Kulturentwicklung der Menschheit ein Fortschritt, daß Mister Moneymaker aus Detroit nunmehr nach zwei Wochen Kosmosbummel wieder im heimatlichen Klub sitzen kann? Aber die Post, die Frachten, die Geschäfte?

Da selbst tausend Zeppelins nur einen kaum berechenbaren Bruchteil der Weltgeschäfte beschleunigen könnten, sollte man uns mit solchen Redensarten nicht kommen. Nein, das Wunder der Zeppelin-Weltfahrt liegt nicht in ihrer Schnelligkeit, sondern in ihrer Möglichkeit, in der Tatsache, daß menschlicher Geist diesen Apparat ersann und menschliche Hände ihn ausführten, daß es anderen Hirnen und Herzen so ermöglicht wurde, losgelöst von der Erde den großen Ball zu umschweben und durch die Kunst des Erzählens Millionen Menschen zu zwingen, zum Atlas zu greifen und zu versuchen, zwischen der Gewaltigkeit der göttlichen Schöpfung, der Sehnsucht des menschlichen Geistes und der Größe seines Könnens Zusammenklänge zu finden. Und nur wer diese Klänge vernimmt, wird von den Ereignissen solcher Art eine Bereicherung seines Daseins erfahren. Zu seinem Nutzen und zu dem seines Volkes.

Denn es ist nicht wahr, daß der Mensch, der besinnlich ist, auch langsam sein müsse in seiner Arbeit und in seinen Bewegungen. Er wird nur jene Hast und Zappeligkeit vermeiden, die ein großes Gewese von sich macht als »Ausdruck der Zeit«, als »Rhythmus unseres Jahrhunderts«. Und die zum größten Teil einen überflüssigen Lehrlauf zeigt, eine unproduktive Geschäftigkeit, verwandt ihrem scheinbaren Gegenteil, der trägen Beschaulichkeit. Auch der Mensch, der die Besinnlichkeit fordert, verlangt damit nicht die geistige Postkutsche, sondern den Zeppelin.

Aber wie er den Sinn der Weltfahrt nicht im Erlebnis des Rennens sieht, sondern in dem des Reisens, so erblickt er den Sinn der menschlichen Lebensfahrt nicht im Durchhasten der Tage und Jahre, sondern im bewußten Erleben des Lebens. *Die Grüne Post, 30. August 1929*

Der Richter im Gefängnis

Scherzet nicht mit Strafen und Gefängnis
(Jesus Sirach 13,16)

Wie so viele Götter, denen die Väter ehrfurchtsvoll anhingen, von den Söhnen vermenschlicht oder gar profaniert wurden, geschah dies auch Themis, der Göttin der Gerechtigkeit. Sie ist zwar noch immer da, aber die einstmals so dräuend Thronende führt heute mehr eine Art Nippes-Dasein, wenigstens in ihrer figürlichen Erscheinung.

Das ist ganz gut so. Denn die Ausstaffierung, in der wir sie kennen, war ihr in ihrem griechischen Jungfrauenleben nicht zu eigen. Damals trug sie nur Waage und Palmwedel. Später erst verband man ihr die Augen und gab ihr statt des Oelzweiges ein Schwert. Und dies blanke, scharfe Schwert erwies sich so oft als zweischneidig und die Binde vor den Augen als Hindernis bei der Rechtsfindung, daß man es einer Zeit, die nicht blind vernichten, sondern sehen will, um zu verstehen, nicht verübeln kann, wenn sie in Binde und Schwert nicht mehr die irdischen Zeichen göttlicher Gerechtigkeit sieht.

Denn diese unsere verlästerte Zeit hat zu vielem sehr Guten auch dies eine ganz Vortreffliche: Sie will nicht trockene Buchstaben, müde Autoritäten und verstaubte Götzen zu Herren eines toten Rechts machen, sondern Güte und Verständnis zu Dienern der lebendigen Gerechtigkeit. Und wenn wir nun in den letzten Jahren auch Richter damit einverstanden fanden, der Justitia die Binde von den Augen zu nehmen und ihr dafür eine politische Mütze oder einen Stahlhelm überzustülpen, so will doch die große Masse des Volkes mit der Mehrzahl der Richter eine andere Aufgabe für den Apparat, den die steinerne Dame verkörpert: Die Rechtspflege soll sehen lernen, wie Schuld und Ursache wachsen; die Weltfremdheit vieler Richter soll behoben werden. Auch Justizbehörden sehen das ein. Sogar in Ländern, die durchaus nicht fortschrittlich regiert werden. Nur daß man keine reine Freude an der Geschichte hat.

Der schwierigste Teil der Rechtspflege ist der Strafvollzug. Er ist schwieriger als die Verhandlung und schwieriger als die Untersuchung. Weil immer noch nicht das Rezept gefunden worden ist, Büßen und Bessern in einer Handlung zu vereinigen. Darum berührte es zunächst erfreulich, wenn auch überraschend, daß der thüringische Justizminister dieser Tage fünfzig Richter und Staatsanwälte anwies, das thüringische Landesgefängnis Ichtershausen gründlich zu besichtigen und eine Nacht in den Gefängniszellen zuzubringen, damit die Herren und Diener der Gerechtigkeit einmal kennenlernten, was es heißt, zu sitzen. Aber!

In der Presse und bei den Juristen hat man ein allzu großes Aufheben von der Geschichte gemacht. Seht, hieß es, wie selbstlos die Hüter des Rechts in unseren Tagen sind! Einsperren lassen sie sich sogar, um die Gefühle der ihrer Freiheit Beraubten kennenzulernen! Seht, wie human und modern unsere Rechtspflege geworden ist! Seht, wie sie, statt mit dem Schwerte zu schlagen, mit dem Palmzweig wedeln! Dagegen, daß die Presse so etwas schreibt, wäre nichts weiter zu sagen. Wohl aber gegen Richter, die es glauben, und gegen Minister, die eine untaugliche Gelegenheit zum Studium der Häftlingsseele herausgefunden haben. Sie bewiesen damit nämlich, daß ihre Weltfremdheit noch größer ist als es diejenige der Themis war, damals, als sie noch Blindekuh spielte.

Glaubt denn wirklich ein vernünftiger Mensch, eine in einer Gefängniszelle freiwillig verbrachte einzige Nacht könne einem wissensdurstigen Richter ein Bild geben auch nur von den Äußerlichkeiten eines Gefängnisses, geschweige denn vom Seelenzustand eines zu langer Freiheitsstrafe Verurteilten?

Um nur einigermaßen zu einem ernst zu nehmenden Ergebnis zu kommen, wäre schon vielerlei notwendig gewesen:

1. Einsperrung der Richter auf einen Monat oder mindestens eine Woche;

2. Belassung des Gefängnisses in seinem gewohnten Betrieb, ohne vorheriges Großreinemachen, Fensterputzen, Pritschenbeziehen, Küchenrevision;

3. Verheimlichung der Personalien der Eingelieferten und des Zwecks der Sache vor Gefängnisverwaltung und Aufsehern;

4. Verteilung der fünfzig lernhungrigen Richter unter die Häftlinge; Zwang, mit ihnen zu arbeiten, zu essen, zu schlafen und keinerlei Umgang mit den Berufsgenossen zu haben.

Und auch das hätte nur eben einen Einblick gestattet.

Warum spielen wir uns, erwachsene Menschen, die wir sind, nur immer solch Kindertheater vor? Dies Getue mit modernen Mitteln, die gar keine sind, ist peinlich. Im Grunde war doch der Ausflug der fünfzig Richter ins Gefängnis von Ichtershausen nur eine vergnügliche Herrenpartie, bei welcher der Spaß, der sich bei solchen Gelegenheiten von selbst einstellt – und sind die Herren morgens noch so würdig abgereist – eine bedenkliche

Auswirkung haben kann. Diese nämlich: Es könnte bei manchem Richter die Erinnerung an den vergnügten Tag, an die piksauberen Zellen, das frischbezogene Pritschenbrett und an den Gutenachtgruß des Aufsehers »Befehlen Herr Landgerichtsrat sonst noch was« im Verein mit dem lustigen Austausch gehabter Gefühle und Eindrücke am andern Morgen dazu führen, daß er später bei der Beurteilung und Bemessung von Haftstrafen für andere in gefährliche Irrtümer fällt.

Ich meine: Die Würde des Richteramtes, um deren Unantastbarkeit doch soviel geschrieben wird, müßte solche Scherze verbieten. Oder man sollte genauso, wie man der Justitia die Binde der Weltfremdheit und das Schwert der mitleidlosen Strenge nahm, ihr auch das feierliche Gewand der Würde ganz nehmen und sie dafür bekleiden mit einem guten staatsbürgerlichen Rock, damit sie ohne Aufsehen, als Teil des Volkslebens, unters Volk gehen kann.

Denn nötiger und besser als eine Nacht in Gefängniszellen täte der Mehrzahl unserer Staatsanwälte und Richter ein Jahr Aufenthalt in den Werkstätten der Arbeit und in den Quartieren des schuldlosen Elends.

Die Grüne Post, 8. November 1929

Die Großen läßt man laufen

Am längsten wird die Redlichkeit
auf hohen Posten gelten!
Warum? Sie wird nicht abgenutzt.
Man braucht sie dort nur selten.
(Hausinschrift in Westfalen)

In Deutschland wird jetzt ein Film vorgeführt, der den Untergang des Ozeandampfers Titanic zeigt. Bei diesem Untergang spielte der Präsident der Schiffahrtslinie, Bruce Ismay, eine besondere Rolle.

Er machte die erste Fahrt des Riesendampfers mit und hetzte Kapitän und Offiziere zu immer größerer Schnelligkeit. Als das Schiff auf den Eisberg aufgelaufen war und der Untergang jede Minute zu erwarten stand, befahl der Kapitän, zuerst Frauen und Kinder in die Rettungsboote zu bringen. Die Boote reichten nicht aus. Die Männer mußten zurückbleiben. 1635 Personen fanden keinen Platz. Einer der ersten aber, die in ein Boot stiegen, war der Präsident der Schiffahrtslinie, Mr. Bruce Ismay. Er wurde gerettet. 1635 Personen fanden den Tod im Ozean.

Mr. Ismay war der indirekte und direkte Urheber der Katastrophe. Indirekt, weil der mit aller Raffiniertheit ausgestattete Dampfer ungenügend mit Rettungsbooten versehen war; direkt, weil er trotz aller Warnungen des Kapitäns vor Eisbergen den Befehl zum Weiterjagen gegeben hatte. Bei der Untersuchung gegen die Schuldigen konnte Mr. Ismay auf die Frage, ob er vor Frauen und Kindern in ein Rettungsboot gestiegen sei, nur mit der Ausrede antworten, er wisse es nicht genau. Eine Strafe erhielt er nicht.

Die Katastrophe der Titanic liegt siebzehn Jahre zurück, aber der Geist des Mr. Ismay ist lebendiger geworden mit jedem Tag. Er ist so selbstverständlich geworden, daß man heute schon nichts mehr dabei findet, wenn die Leiter eines verfehlten Unternehmens sich in Sicherheit bringen und untergeordnete Organe die Verantwortung, die Allgemeinheit die Kosten tragen lassen. So fällt es heute keinem mehr von uns ein, einen Feldherrn für verlorene Schlachten verantwortlich zu machen. Man könnte das vielleicht für berechtigt halten. Aber dann müßte man auch darauf verzichten, im Falle des Gelingens diesen Einen mit der Gloriole des persönlich Sieghaften zu umgeben. Und was für den Kriegführer zutrifft, trifft in immer steigendem Maße auch für die Führer im politischen und wirtschaftlichen Leben zu. Einen Ressortchef jagt man zum Teufel, wenn in seinem Bereich Schlampereien und Unregelmäßgkeiten vorkommen, man baut ihn höflich dankend ab, wenn seine Abteilung erfolglos ist und er es nicht versteht, sich einen wieder ihm untergebenen Sündenbock zu suchen. Wenn es aber ein Minister unterläßt, die Pflichten der Verantwortlichkeit in wirklicher Kontrolle seiner Beamten zu erfüllen, dann wird er noch lange nicht zur Verantwortung gezogen. Schlimmstenfalls muß er gehen. Und wenn die Leiter eines größeren Gemeinwesens aus Unfähigkeit oder Gleichgültigkeit ihrer Aufgabe zur Führung des Betriebes und zur Kontrolle der ihnen unterstellten Verwaltungszweige nicht gewachsen sind, dann haben sie keineswegs ein für allemal die Verabschiedung zu befürchten. Und trug ihre Geschäftsführung selbst zu einer gewaltigen Schädigung der Mitglieder dieser Gemeinschaft bei, so verzichten wir doch darauf, den Führer und Letztverantwortlichen verantwortlich zu machen. Schlimmstenfalls schicken wir ihn in Pension.

Es wäre nun sehr leicht zu sagen, daß wir im wirtschaftlichen und kaufmännischen Leben Gottseidank noch immer einen anderen Geist am Werke sehen. Leider trifft auch das nur in geringem Maße zu. Kaum mehr bei den großen Konzernen und Gesellschaften. Denn ob es sich um Banken handelt, Versicherungsgesellschaften oder Syndikate, Skandale jagten sich in letzter Zeit in allen Ländern, bei Angehörigen aller Parteien, in allen Wirtschaftszweigen; immer noch sah der Bürger, wie die moralisch und gesetzlich verantwortlichen Führer der Unternehmungen ungestraft, ja unbeschädigt davonkamen. Das war so beim Skandal der Raiffeisenbank, bei der Affäre der Frankfurter Versicherungsanstalt, bei Bankzusammenbrüchen und -zusammenfassungen, bei denen die Aktionäre leer ausgehen, während die Direktoren noch an dem Bankrott verdienen, bei den Krachs in der Textilindustrie; das wird so sein beim Zusammenbruch der Beamten-Bank. Immer wieder sieht man, wie bei den Transaktionen Aufsichtsräte und Vorsitzende besondere Gewinne erzielen, wie Aufsichtsräte jahrelang für eine niemals ausgeübte Tätigkeit gewaltige Tantiemen erhalten und wie im Falle großer Verluste durch Mißwirtschaft oder falsche Spekulationen die Führenden sich und ihre Anteile in Sicherheit bringen und das Heer der vertrauensseligen Anteilhaber und Sparer für die Verluste aufkommen lassen. Ein Tun und ein Zustand, nicht bloß moralisch zu verurteilen, sondern in den meisten Fällen auch strafrechtlich. Wann aber hätte man beispielsweise gehört, daß ein Aufsichtsrat eines großen Konzerns wegen Pflichtverletzung zur Verantwortung gezogen worden ist? Stillschweigend läßt man die Entschuldigung gelten, daß ein Mann, der einige Dutzend Aufsichtsratsämter auf sich vereinigt, keine Aufsicht auszuüben imstande ist.

Der Geist des Mr. Ismay geht uns insofern alle an, dich und mich und den geringsten und am Wirtschaftsleben nicht direkt Beteiligten, weil die Unverantwortlichkeit der Führer, weil ihr Gefühl, weder moralisch noch strafrechtlich, noch privatrechtlich haftbar gemacht zu werden, Mißwirtschaft und Korruption fördern. Und weil die dadurch entstehenden Verluste die Volkswirtschaft als Ganzes treffen, sich auswirken bis ins Budget der Hausfrau.

Dieser Ungeist geht uns aber auch an, weil er eine Kompromittierung des Führertums und des Führeramtes bedeutet; er überläßt die hohe Aufgabe, führend zu wirken, jenen halbstarken Naturen, die alles riskieren können, obwohl sie nichts mehr fürchten als Risiko und Verantwortung.

Die Grüne Post, 22. November 1929

Löcher im Rock der Würde

Setz dir Perücken auf von Millionen Locken,
setz deinen Fuß auf ellenhohe Socken:
du bleibst doch immer, was du bist!
(Goethe)

Als Knabe mußte ich mal zum Gericht kommen, zeugen wider einen Bösewicht. Es war ein gewaltiges Ereignis. Den feierlichsten Eindruck auf mich machte aber nicht der düstere Saal, nicht die Handlung, auch nicht die Vereidigung der anderen Zeugen, den stärksten Eindruck machte die schwarze Robe der Richter. Sie war der Begriff hoheitsvoller, weit über allem Menschlichen thronenden Würde.

Und blieb es lange. Bis ich als Jüngling einen Robenträger sah, wie er sich die schwarze Haut abzog. Da war das, was den würdigen Eindruck hervorgerufen hatte, ein angegrauter, zerknitterter Kittel, hatte ein Loch, ich seh' den Dreiangel noch heute, und darunter steckte ein Mann in einem grauen Anzug mit ausgebeulten Hosenknien, schiefgetretenen beriesterten Stiefeln und nicht ganz sauberem Hemdkragen. Ein Mann der Büroarbeit, anzusehen genau wie irgend ein anderer ungenügend bezahlter Angestellter. Er aß ein Butterbrot aus dem Papier und schimpfte auf den Gerichtsdiener.

Damals erkannte ich zum ersten Male, daß es eine Würde gibt, die mit dem Menschen, der sie trägt, nichts zu tun zu haben braucht. Und daß es Menschen gibt, die mit der Würde, die sie überziehen, nicht innerlich verwandt sein müssen. Und ich erkannte auch, daß die vom Staate als selbstverständlich vorausgesetzte Erwartung, der Bürger habe solche leblose und äußerliche Würde auf jeden Fall zu respektieren, Aufforderung zum Götzendienst ist.

Die Grüne Post, 23. Februar 1930

Der nächste Krieg

Es genügt nicht, eine große Kriegsmacht zu haben,
mit der man zuschlagen kann,
sondern es ist notwendig, daß man die
moralische Autorität hat, den Krieg zu vermeiden.
(Otto von Bismarck)

Die Feder sträubt sich nicht, wenn man's so hinschreibt, doch wenn da steht: »Der nächste Krieg«, atmet es Ungeheuerliches. Wer ist aber man?

Man – sind die meisten von uns, die den Weltkrieg mitgemacht haben, die in ihm mit der Waffe tätig waren oder ihn durch Entbehrung und zerstörtes Glück erdulden mußten. Millionen Menschen in aller Welt, denen das Blut gefriert bei dem Gedanken, daß dies alles noch einmal über die Erde kommen könne. Noch einmal und noch viel schrecklicher, mit Wirkungen, die tiefer und länger die Wohlfahrt der Völker untergraben und vernichten werden, als der letzte Krieg das vermochte.

Man – ist nicht die Jugend. Die spielt in allen Ländern wieder Soldat und Krieg. Es ist ihr nicht zu verdenken, denn sie war nicht dabei, sie sah nicht das leere Schlachtfeld und nicht die Gasgranaten, nicht faulende Gräben. Sie sieht noch immer den vorwärtsstürmenden Helden vergangener Jahrhunderte, das Ringen Mann gegen Mann.

Man – sind nicht die Helden der Etappe und nicht die Geschäftemacher. Auch nicht jene alten unbeirrbaren Soldaten, die trotz aller erlittenen Wunden erneut ins Feld zu ziehen bereit sind.

Aber lassen wir Jugend, Geschäftemacher und Soldaten hier aus dem Spiel. Die Zeit ist noch nicht reif, ganz allgemein des Mannes Aufgaben für Staat und Vaterland friedlicher zu sehen, friedlicher auch in der heldischen Tat. Einmal wird ja die Erkenntnis kommen, daß selbst der gerechteste und siegreichste Krieg das Volk, das ihn führt, auf Jahrzehnte unglücklich machen muß. Und daß bei aller Tapferkeit und Opferfreudigkeit nicht der gesunde starke Soldat der Sieger künftiger Kriege sein wird, sondern der vielleicht bucklige Erfinder besonders böser Gase oder der blasse Stubenhocker, der ein neues Geschütz oder einen riesigen Brennspiegel konstruierte.

Was uns heute veranlaßt, die Worte »der nächste Krieg« hinzuschreiben und darüber zu erschrecken, ist die beschämende Erkenntnis, daß die Regierungen der zivilisierten Nationen, die den Völkerbund bilden, die in einem feierlichen Pakt den Krieg als Verbrechen ächteten, unbekümmert um solch friedfertiges Getue weiter vom nächsten Krieg als von einer Selbstverständlichkeit reden. Und daß weder in Parlamenten noch in Zeitungen auf die Unaufrichtigkeit der Friedensbeteuerungen, Kriegsächtungen und Abrüstungskonferenzen hingewiesen wird. Ist es nicht wirklich, als hätten die Sprachen aller Völker ihren Sinn verloren, wenn Diplomaten Schindluder mit Gelöbnissen, Verträgen und feierlichen Erklärungen treiben können, ohne daß sich auf dem Erdenrund millionenfach zornige Stimmen erheben: Ihr Heuchler!

Wahrhaftigkeit war wohl immer klein unter den Menschen. Aber die Unwahrhaftigkeit verkroch sich doch. Heute tritt sie im Kleid ethischer Begriffe auf, und die Öffentlichkeit einer Welt läßt es sich gefallen.

Die Grüne Post, 2. März 1930

Im Namen des Volkes

Wie gar unbegreiflich sind, Herr, die Gerichte.
(Römer, 11, 33)

Der Strafsenat des Kammergerichts in Berlin stellte vor einigen Tagen in einer Urteilsbegründung den Grundsatz auf, daß es das Recht jedes Staatsbürgers sei, ein Urteil zu schelten und an ihm Kritik zu üben. Daraus, daß der Senat die Kritik der Urteile zulasse, folge logischerweise, daß auch die Kritik der Kritik zugelassen werden müsse, denn alle Rechtsgenossen seien daran interessiert, daß richtiges Recht gesprochen werde.

Ich gestatte mir, als Genosse des Rechts und des Volkes, von dieser Erlaubnis Gebrauch zu machen, und jenes Urteil des Kammergerichts zu kritisieren, das in großzügiger Weise die Genehmigung zur Kritik erteilte. Weil dieses Urteil eine Institution über die Idee der Institution stellt, einen Erntewagen über ein Kornfeld, ein Gotteshaus über Gott.

Ein Berliner Journalist hatte in seinem Blatte das Todesurteil gegen den Russen Jakubowski kritisiert. Zwei Reichsrichter hatten an dieser Kritik Anstoß genommen und in ihrer Richterzeitung den Journalisten einen rechtsbeugenden Literaten genannt. In dem Beleidigungsprozeß, den der Journalist darauf anstrengte, waren die beiden Reichsrichter zu je dreihundert Mark Geldstrafe verurteilt worden. Der Strafsenat des Kammergerichts hob in der Revisionsversammlung das Urteil auf und wies die Sache zur erneuten Verhandlung an die vorige Instanz zurück. In seiner Begründung, in der er jedem Staatsbürger das Recht auf Kritik an Gerichtsurteilen zuerkennt, gab der Strafsenat dem Wunsche Ausdruck, die Parteien möchten einen Vergleich schließen. Wenn sie einsichtsvoll wären und sich gegenseitig den guten Glauben zuerkennten, könnte ein solcher Vergleich sehr wohl zustande kommen. Diesem menschlich durchaus zu begrüßenden Wunsch, einen Prozeß ohne Verurteilung beendigt zu sehen, gab der Strafsenat des Kammergerichts allerdings eine ganz erstaunliche Begründung: Der Vergleich sei erwünscht, weil der Prozeß gegen die beiden Reichsrichter »nicht im Interesse der Rechtspflege« läge. Der gesamten Rechtspflege wäre durch einen Vergleich in dieser Sache gedient, und er sei auch geeignet, ein vertrauensvolles Verhältnis zwischen Justiz und Presse zu schaffen. Im Namen des Volkes!

In Namen des Volkes sei gesagt: Die Justizkrise, die durch Deutschland geht und die kein Richter mehr leugnet, hat ihre Ursache nicht im Fehlen eines Vertrauensverhältnisses zwischen Justiz und Presse. Auch nicht in Urteilen, mit denen mehr oder weniger weltfremde Richter sich in unüberbrückbaren Gegensatz zum Rechtsempfinden des Volkes setzen. Die Justizkrise entzündete sich wohl immer wieder an solchen Urteilen und verschärfte sich durch das mangelnde Vertrauensverhältnis zwischen Justiz und Presse; ihren Ursprung aber hat sie in der wachen Besorgnis des Volkes, die Rechtspflege in Deutschland werde immer mehr eine tote behördliche Institution, in welcher neben einem trocknen Rechtswissen zopfige Begriffe wie »Würde des Gerichts« und »Ansehen des Richteramtes« den Geist der Gerechtigkeit zum Schemendasein verdünnten.

Ein Volk erneuert sich mit jedem Tag, die Fülle des Lebens quillt unvermindert. Gut und Böse wächst immer wieder aus den unerforschten Wurzeln der menschlichen Natur. Ewig jung und stark, durchblutet vom lebendigen Verlangen nach Ordnung, bleibt auch das Gerechtigkeitsgefühl eines Volkes. Es ist ein vages Gefühl, gewiß, aber sein Vorhandensein ist das Fundament allen gemeinschaftlichen und staatlichen Lebens. Da kommt nun ein hoher Richter daher und bestätigt dem Volke, daß die Besorgnisse begründet sind, nicht die Gerechtigkeitsidee sei heute Inbegriff und Leitmotiv staatlichen Rechtslebens, sondern die Institution der Rechtspflege. Auch wenn dies nicht so gemeint war, auch wenn es nur eine schlechte Formulierung war, es wurde verkündet im Namen des Volkes. Der empfohlene Vergleich ist erwünscht, »weil ein Prozeß gegen zwei Reichsrichter«, der sehr wahrscheinlich wieder mit der Verurteilung enden würde, »nicht im Interesse der Rechtspflege liegt!«

Die primitive, aber scharfe Logik des Volkes folgert dagegen ganz richtig, daß das Ansehen zweier Reichsrichter durchaus nicht identisch ist mit dem Ansehen der allgemeinen Rechtspflege. Sie folgert weiter, daß diese zwei Richter schuldig geworden sein müssen, sonst wären sie bestimmt nicht von Richterkollegen verurteilt worden. Und sie folgert endlich, und das ist das Peinlichste, daß eine solche Mahnung zum gütlichen Vergleich in erster Linie eine Bitte um Schonung zweier Richter sei, damit der Unfehlbarkeitswahn gerettet werde, eine Mahnung, die wohl unausgesprochen geblieben wäre, gehörten die beiden Herren anderen Berufsständen an. Womit der Kreis geschlossen ist, der Ursachen und Wirkungen der deutschen Justizkrise enthält. Es ist kurios:

Jahrelang bemüht, Gegensätze zu mindern, für Verständigung zu wirken, im Widerstreit der Meinungen Verbindendes zu suchen, müssen gerade wir einem Manne mit Entschiedenheit entgegentreten, der einen Vergleich empfiehlt. Aber das Morgenrot eines besseren Vertrauensverhältnisses zwischen Justiz und Presse erscheint uns nun mal nicht farbig genug, das Gefühl des Volkes für den wirklichen Zustand der Rechtspflege zu vergolden. Kirchengebäude, und wären sie noch so hoch und weit, und würden sie noch so sorgfältig verwaltet, sind leer, wenn der göttliche Geist nicht in ihnen gepflegt wird. Und das besorgte und gepflegte richterliche Kastentum vermag nicht den Geist der Gerechtigkeit zu ersetzen, nach dem das Volk verlangt.

Ein bei Juristen sehr beliebter Spruch lautet: Fiat justitia, pereat mundus – Gerechtigkeit muß sein, und wenn die Welt zugrunde geht. Er ist weltfremd und töricht. Denn abgesehen davon, daß mangelnde Gerechtigkeit niemals das Merkmal einer ganzen Welt sein wird, kann auch die Welt nicht zugrunde gehen durch das Bestreben, Gerechtigkeit zu schaffen und zu erhalten. Umgekehrt gehen Wahrheit und Wirklichkeit: Erst wo Gerechtigkeit ist, ist Friede. Und da, wo Friede ist, ist Wohlstand.

Die Grüne Post, 7. März 1930

Kennen Sie denn das Leben?

Das ist eine der unsinnigsten Fragen, die sich von Generation zu Generation vererben.

Ich hörte die Frage, die über diesem Artikel steht, wieder einmal vor ein paar Tagen in einer kleinen Gesellschaft als Ausspruch eines Mannes in den besten Jahren, mit dem Ton auf dem »Sie« und jenem Unterton von Ironie und Überlegenheit, der klipp und klar die Verneinung der Antwort gleich mitgab.

Aber diesmal bewies der Angeredete nicht mit Eifer, daß er das Leben sehr wohl kenne, weil er schon mancherlei Böses durchgemacht. Der Mensch, den man auf so gönnerhafte Weise als nicht kompetent aus der Diskussion über das Leben ausschließen wollte, war eine heitere, lebensfrische Frau, ebenfalls in den besten Jahren. Mit einem Lächeln, das sie vor ihre vierzigjährige Erfahrung stellte, also auch vor mancherlei Ungemach, was der andere mit »Leben kennen« meinte, mit einem geradezu glücklichen Gesicht brachte die Frau die Gegenfrage: »Ja, können Sie mir vielleicht sagen, was das überhaupt ist, das Leben?« Natürlich wußten es alle anderen Gäste.

Für den Bankier waren es Gemütsbewegungen, hervorgerufen durch Börsenschwankungen; ein Familienvater verwies auf die vielköpfige Familie, die er zu ernähren hatte. Die Mutter von vier schwierigen Kindern ging hoch: »Sie können lachen, Sie haben keine Kinder!« Dieselbe Mutter, die sonst immer behauptet hatte, Kinder seien das wahre Glück des Lebens. Ein heute geruhsamer Bürger sprach von den Kämpfen und Schrecknissen seiner sehr politischen Jugend. Eine Angestellte von ihrem trüben Los.

Zusammengefaßt waren wieder einmal Schrecknisse, Tod, Elend, Not und trübe Erfahrungen – das Leben!

Noch immer lächelte die nicht kompetente Frau. Sie hatte eben dies als Antwort erwartet. Dann sagte sie: »Das Leben scheint mir etwas Reichhaltigeres zu sein. Es ist als die Summe aller Lebensmöglichkeiten so unermeßlich, daß kein Mensch sich ganz auskennen kann. Und wenn das Ziel des Daseins ist, mit dem Leben fertig zu werden, so heißt das doch, für die größtmögliche Zahl von Möglichkeiten gerüstet zu sein. Sei es nun, daß man am Leben selber gelernt hat, am eigenen, am fremden aus den Berichten der Zeitungen, oder daß man die geschriebenen Weisheiten der Denker und Lebenskünstler als Schulbücher zu Hilfe nahm. Aber wie ich sehe, wollen Sie es ja gar nicht meistern. Nur anklagen wollen Sie. Es hat keiner von Ihnen wirklich vom Leben gesprochen, – sondern jeder nur von seinen privaten und persönlichen Schwächen, Enttäuschungen und Wunden. Das tun alle Menschen, die anderen vorwerfen, das Leben nicht zu kennen. Denn die ganze Fragestellung ist seit Jahrhunderten falsch und unaufrichtig. Ist es Ihnen noch nie zum Bewußtsein gekommen, daß, wer da sagt, Sie kennen das Leben nicht, immer und ausschließlich meint, Sie kennen das Unglück nicht?«

Der Mann in den besten Jahren erholte sich rasch von seiner Verblüffung und sprach seiner Gegnerin nunmehr jedes Recht ab, überhaupt mitzureden: »Ihnen ist es zeitlebens eben viel zu gut gegangen.«

Die Frau aber war nicht überrascht. »Immer habe ich gewusst«, sagte sie, einen kleinen Unterton von Resignation in der Stimme, »daß man mir meinen heiteren Sinn als unverdientes Glück auslegen wird und nicht als Lohn für meine Lebenskenntnisse. Wenn zwei Menschen unter ganz gleichen Voraussetzungen, in ganz gleichen Verhältnissen das gleiche traurige Erlebnis haben, und der eine zerbricht daran, während der andere es bewußt als Basis für etwas Neues umgestaltet, also daran erstarkt, so werdet Ihr immer nur von demjenigen, der zugrunde ging oder im Anklagen verharren bleibt, sagen, er kenne das Leben. Von dem anderen, dem Stärkeren, werdet Ihr keine Notiz nehmen!

Es ist das so unendlich einfältig, daß man sich wundern müßte, wenn man nicht – das Leben kennte. Ich leugne keinesfalls das Elend, die absolut traurigen unabwendbaren Abgründe. Aber ich behaupte, unendlich viel größer sind im Leben die Glücksmöglichkeiten als die Möglichkeiten des Unglücks. Wenn wir uns diesen Glücksmöglichkeiten nur nicht verschlössen. Sie liegen in uns, und sie liegen um uns: der eigene Wille und das Naturgesetz der Aufwärtsentwicklung, die Aufgabe, Glück zu schaffen. Denn unsere Hände langen nicht nur ans Geldverdienen und ans Futter, sondern auch an das Blühen der Erde. Es gibt Menschen, die das auch im Unglück nicht vergessen, die sich dessen gerade dann besonders erinnern, und die deshalb niemals ganz zerbrechen können. Weil sie das Leben in seiner Totalität kennen. Sie allein. Denn nur, wer da weiß, daß es mehr Lust als Leid, mehr Leben als Sterben gibt in der Welt, kennt das Leben!«

Die heitere Frau schwieg. Die anderen lächelten überheblich und taten sich wieder leid. Jeder sich. Es war alles umsonst geredet. – So ist das Leben.

Die Grüne Post, 27. April 1930

Der Mann aus dem Paradies

Ich weiß, wenn ich den Namen Charlie Chaplins hier niederschreibe, sagen ein paar tausend Leser enttäuscht: Also glaubt auch Herr Thomas Trimm, wir haben heute in Deutschland keine andern Sorgen, als uns um den Besuch eines amerikanischen Filmstars zu kümmern?

Wenn der Amerikaner das Lachen selber wäre – fünf Millionen Menschen in Deutschland sind arbeitslos, denen ist das Lachen vergangen. Viele von ihnen wissen, daß man mit Humor vielleicht Elend und Ungerechtigkeit besser ertragen kann; sie wissen aber auch, daß man es damit nicht ändern kann. Und wenn sie sich durch die gepriesene Kunst des komischen Mannes für einige Stunden über die Misere des Lebens hinwegtäuschen lassen wollten, so können sie es nicht, weil ihnen die Mark zum Besuch des Kinos fehlt! Ich weiß das alles auch, aber ich schreibe den Namen dennoch hin: Charlie Chaplin!

Der kleine Mann aus dem schmutzigsten Elendsviertel Londons ist vom armseligen Bühnenstatisten zum erklärten Liebling der Welt geworden. In Amerika seit Jahrzehnten ansässig, ist er heute noch englischer Staatsbürger; aber das weiß kaum einer der ungezählten Millionen, die ihn verehren. Denn er ist ein Weltbürger im besten Sinne, er redet über die Grenzen hinweg die eine Sprache, die alle Menschen verstehen, wenn auch nicht alle ihr folgen: die Sprache des Lachens unter Tränen, die Sprache des Mitgefühls, des Mitleidens mit der vom Schicksal gestoßenen Kreatur. Aber er redet nicht von der Pflicht des Duldenmüssens und auch nicht von der Abhilfe durch Gewalt. Er setzt der Ungerechtigkeit der Zustände lediglich die natürliche Selbsthilfe eines Kindes, eines Tieres entgegen, primitive, aber ehrliche Regungen des Herzens und des Hirns. Und wenn die Verhältnisse sich stärker erweisen und die ersehnte und als berechtigt erkannte Änderung der Dinge nicht eintritt, dann schüttelt er verwundert den Kopf und geht, dem Morgen vertrauend, weiter. Sinnbild jenes herrlichen Triebes im Menschen, der, unbewußt seinem Träger, hinter jeder Enttäuschung die neue Hoffnung sprießen läßt.

Es gibt größere Schauspieler in der Welt, fesselndere Filme, gewaltigere Dichtwerke. Was aber dieser Mann mit seiner an sich einfachen Kunst vor allen andern voraus hat, ist nicht nur, daß er eine ganze Welt zum befreienden Lachen bringen konnte. Er brachte Millionen zum mitleidigen Fühlen, und das ist ein gutes Zeichen für jenes Produkt der Schöpfung, das durch den Galopp der Zivilisation krank geworden ist, für den Menschen!

Als Charlie Chaplin kürzlich nach London kam, wurde er von einer ganzen Nation gefeiert wie nie ein Mensch vor ihm in diesem reichlich zurückhaltenden Lande. Das Proletarierkind aus dem Schmutz- und Hungerviertel der lärmenden Millionenstadt. Er fand in Berlin den gleichen begeisterten Empfang, der so gar nichts vom Rummel um Kino- und Sportgrößen an sich hat. Er wird ihn in München finden, im Rheinland, in Spanien, in Frankreich, wo immer er sich sehen läßt. Alle diese Menschen, Künstler, Gelehrte, Kaufleute, Beamte, Arbeiter bejubeln nicht den grotesken Komiker, der sie hunderte Male zum Lachen gebracht hat, sondern viel mehr den unpathetischen Künder halb verschütteter Empfindungen und Sehnsüchte. Das brausende Gelächter über die komischen Situationen des Helden Charlie ist nicht die wesentlichste Wirkung dieses Mannes. Die schönste und tiefste Wirkung liegt in dem leicht betretenen Schweigen, das stets durch das Publikum geht, wenn der ewige Zaungast des Schicksals nach jeder Enttäuschung den Blick hebt, diesen aus einer rätselhaften Ferne gelenkten Kinderblick, und weiterwandert.

So wurde dieser seltsame Mensch, der um so viele Dinge der menschlichen Seele und um ebenso viele Unzulänglichkeiten des menschlichen Zusammenlebens weiß, aus einem Spaßmacher zu einem internationalen Kulturgut.

Diese Tatsache seiner großen ethischen Wirkung wird allerdings von den Leuten, welche die Verhältnisse mit Gewalt ändern wollen, bestritten und bekämpft. Wer dagegen den Griesgram, Haß und die sture Gleichmacherei im menschlichen Leben nicht noch vergrößern will, wird sich angesichts der Wirkung Chaplins etwas ganz anderes fragen: Sollten wir bei der Erkenntnis, wie sehr die Menschen auch heute noch geneigt sind, sich zum Mitfühlen bringen zu lassen, nicht daran gehen, die Erziehung der Jugend zu ändern, zu vervollständigen?

Wir haben heute in allen zivilisierten Staaten eine einseitige geistige und körperliche Ausbildung des jungen Menschen. Wir trainieren das Hirn, indem wir es bis zur Unbrauchbarkeit mit Wissen und Berechtigungsnachweisen bepacken; den Körper, indem wir ihn mit Muskeln beladen; aber wir begnügen uns, die Seele mit ein paar Stunden Unterricht in Religion und Ethik zu nähren. Die Auswirkung blieb nicht aus: das menschliche Leben wurde immer härter, dürrer, mechanisierter. Die Hoffnung auf Besserung und Erlösung aber blieb nur, da man als Erlöser die

Technik oder die Gewalt ansah. Wenn wir ein Drittel der Zeit, die wir auf die heute übliche Erziehung des jungen Menschen verwenden, für die planmäßige Erziehung des Charakters und des Gemütslebens nützen würden, stünde es besser um die Menschheit! Was wir durchführen sollten, ist ja nicht die Züchtung eines rührseligen Geschlechts, sondern nur die Herausbildung eines Menschentums, dem der andere Mensch mehr ist als eine Maschine oder ein Bergwerk; sind Menschen, welche die ewigen Unzulänglichkeiten des Lebens durch eine kluge Anpassung an das Leben meistern können.

Praktisch liefe das auf eine Erziehung zum Optimismus hinaus. Der steckt im Menschen wie in allem, was lebt. Er ist das letzte Erbteil aus dem verlorenen Paradies; die Kinder tragen ihn unbewußt mit sich herum, die Naturvölker und die Tiere. Er ist nicht heroisch, trägt nicht Schwert und Lanze. Aber auch nicht in jedem Fall die Schuhe und den Hut Charlies. Eher seinen Humor, seine verstehenden Augen und sein mitfühlendes Herz. *Die Grüne Post, 1930*

Wie schön, wie wunderbar schön ist dieses Deutschland

Wie schön, wie wunderbar schön ist dieses Deutschland. Es hat wellige Hügel, himmelragende Berge, weite grüne Ebenen, stille Seen und rauschende Meere, Sandstrand- und Felsenküsten, herrliche Wälder und romantikumflossene, alte Städtchen. Ich bin durch viele Länder gereist, immer wieder, ich kann mir kein schöneres Land für Urlaub und Ferien denken. Wie kommt es nur, daß so viele Deutsche, die nicht der Beruf oder der Snobismus über die Grenzen führt, zur Erholung ins Ausland reisen? Wenn man's sagt, ist man kein echter Deutscher. Ich sag's aber doch: Wir sind in immer steigendem Maße unliebenswürdig geworden, ungefällig, unverträglich untereinander, mißgünstig aufeinander. Das geht soweit, daß der Mensch, der sich seiner mühsam erarbeiteten Ferientage freut, ohne weiteres der Faulenzer und Nichtstuer ist – und nicht nur für jene, die ein Jahr oder länger erzwungene Ferien haben.

Die deutschen Gaststätten, es gibt darunter – und besonders in den kleineren Orten – in jeder Weise vorbildliche, halten durchweg, was Ausstattung betrifft, den Vergleich mit dem Auslande aus. Leider nicht in den Preisen und nicht in der Behandlung des Gastes. Der Kellner, ein Muster der Liebenswürdigkeit im Ausland, ist daheim, auch hier sei der rühmenswürdigen Ausnahmen gedacht, ein ungefälliger »Reviervorsteher«. Er behandelt den Gast als ein notwendiges Übel, und sein Chef gibt ihm gewöhnlich dann nichts nach, wenn das Lokal voll und das Übel nicht mehr notwendig ist.

In den Verbänden der deutschen Bäder, Sommerfrischen und Fremdenhotels mehren sich die vernünftigen Stimmen, die eine Anpassung an die veränderten wirtschaftlichen Zustände und ein besseres Verhältnis auch zum bescheidenen Gast wollen. Wünschen wir ihnen, daß sie sich durchsetzen, ihr Fischfang wäre erfolgreicher als der ihrer Kollegen, die ihn weiterhin mit dem Hammer betreiben wollen. *Die Grüne Post, 31. Mai 1931*

Die ewige chinesische Mauer

Sie zieht, ein gewaltiges Rund, mitten durch Deutschland. Dick, hoch und von trostloser Eintönigkeit in Farbe und Form. Sie besteht zwar nur aus Papier und Pappe, aber mehr und sicherer als der Wall aufeinander getürmter Quader die Kultur und den Wohnstand der alten Chinesen vor dem Ansturm der barbarischen Naturvölker bewahrte, schützt die Mauer aus Aktendeckeln die deutschen Zopfträger vor der Berührung mit dem flutenden Leben des eigenen Volkes. Not und Elend, Vertrauen und Hoffnung, Gerechtigkeitsverlangen und Daseinsfreude, das ganze quellende bunte Volksleben, es wogt her und hin, elementar wie am ersten Tag. Aber nur in Spritzern erreicht es die grünen Tische hinter den Aktenwällen.

Die Zeit zerbröckelte die chinesische Mauer. Und stehen auch nicht die Mongolen auf den Trümmern, so doch Gras und Blumen; die Wälle der Bürokratie zerfielen nicht, im Gegenteil, sie türmten sich höher und höher. Der Geist, der hinter ihnen waltet, ist unverändert seit den Zeiten der Ming-Dynastie. Er starrt höchstens erstaunt auf das Leben um ihn, das er nicht versteht und nicht begreift. Wenn er im Mandarinen-Wahn nicht gar ablehnt, auf das Leben auch nur hinzuschauen.

Es ist, um – sagen wir es lieber nicht.

Sagen wir es doch, wenn auch die Gefahr besteht, dafür ein Aktenbündel an den Kopf zu bekommen. Kritik nämlich können die Herren hinter der Mauer nicht vertragen. Auf Kritik reagieren sie sofort. Allerdings wieder mit bürokratischen Maßnahmen. Welch schweren Schaden der Ungeist und das Eigenleben der Bürokratie damit anrichten in einer Zeit, in der alles getan werden müßte, den Staat im Leben des Volkes zu verankern, wird wieder einmal erst der Historiker sagen können.

Was möglich ist: Der Calmette-Skandal in Lübeck hatte ganz Deutschland aufgerührt. Achtzig Säuglinge mußten ihr Leben lassen und über hundert wurden ernstlich an ihrer Gesundheit gefährdet, weil zwei höhere ärztliche Beamte Lübecks ohne die nötige Sorgfalt gehandelt hatten. Die Staatsanwaltschaft, die bei jedem Kurpfuscher auf bloßen Verdacht hin zu arbeiten pflegt, ließ sich Wochen und Monate Zeit, bevor sie einschritt. Es mußten sich erst die Eltern der toten Säuglinge zusammenschließen, und es mußten erst namhafte Juristen und Mediziner das Wort ergreifen, bevor die Justizbürokratie sich zum Einschreiten entschloß. Jetzt hat zwar die Staatsanwaltschaft in Lübeck das Verfahren wegen fahrlässiger Körperverletzung mit tödlichem Ausgang gegen die schuldigen Lübecker Beamten eröffnet – die Lübecker Katastrophe ist heute fünfzehn Monate alt – aber bevor sie das Verfahren zum Abschluß bringt, hat sie erst einmal zu einem Verfahren wegen Beleidigung gegen die Mahner, einen Rechtsanwalt und einen Medizinalrat, ausgeholt. Es ist ihr eben gleichgültig, daß die beiden Männer sich selbstlos zum Wortführer nicht nur der geschädigten Eltern, sondern von Millionen Deutschen gemacht haben, die in ihrem Rechtsempfinden gekränkt waren. Und dies Verfahren wird bestimmt schneller durchgeführt werden als das gegen die Bürokratie-Genossen.

Das Reichsgericht hat vor sechs Jahren den Lagerverwalter Bullerjahn wegen Landesverrat zu fünfzehn Jahren Zuchthaus verurteilt. Die Verurteilung erfolgte auf die Aussage eines Zeugen, der dem Angeklagten und dessen Verteidiger nicht benannt wurde und der auch nicht an Gerichtsstelle zu erscheinen brauchte. Vor zwei Jahren erfuhr man, daß dieser Zeuge der frühere Arbeitgeber des Verurteilten war. Bullerjahn beteuerte, auch nachdem er sechs Jahre Zuchthaus verbüßt hatte, leidenschaftlich seine Unschuld. Das von der Verteidigung zusammengetragene Material genügte schließlich, um das Wiederaufnahmeverfahren einzuleiten. Darüber sind nun schon wieder sieben Monate hingegangen.

Wir wissen nicht, ob Bullerjahn wirklich unschuldig ist, aber da doch nun immerhin auch für das Reichsgericht Zweifel an der Richtigkeit des ersten Spruches bestehen, ist es für das Gerechtigkeitsempfinden des Volkes untragbar, daß dieses Wiederaufnahmeverfahren endlos hingeschleppt wird. Jeder Tag, der nutzlos vergeht, muß eine furchtbare Marter sein für einen Menschen, dem man – die Möglichkeit besteht doch immerhin – ungerechterweise Existenz und Gesundheit vernichtet hat. Ist es da nicht zu verstehen, wenn sich das Volk sagt, die Furcht vor dem Eingeständnis, ein Fehlurteil gefällt zu haben, verschleppe die Wiedergutmachung? Wir wissen, daß dies nicht das Motiv der Verzögerung ist. Wir sehen aber, wie diese aus der bürokratischen Abgeschlossenheit und Volksfremdheit geborene Handlung verwüstend auf das Vertrauen zur Rechtspflege wirken kann.

In Lüneburg schwebt ein Prozeß gegen den Direktor einer Fürsorgeanstalt. Längst ist erwiesen, daß dieser Erzieher seinem Amt nicht nur nicht gewachsen war, daß er sogar schwer gegen die Gesetze verstieß. Keinem der Prozeßbeteiligten, den Richtern nicht, dem Staatsanwalt nicht, dem Angeklagten nicht, den Zeugen nicht, keinem kann daran liegen, daß dieser böse Prozeß endlos ausgedehnt wird. Keinem liegt auch daran.

Aber die ungeschriebenen Gesetze der Bürokratie verlangen, daß das bewiesene Vergehen nicht nur zehnmal, sondern hundertmal bewiesen wird. Und so werden diese seltsamen Zeugen aus der Erziehungsanstalt immer aufs neue zum Gericht geführt, und es wird ihnen wochenlang Gelegenheit gegeben, ihre erkrankten Seelen öffentlich zu entblößen. Eines Tages wird der angeklagte Erzieher wirklich verurteilt werden, aber der lebensfremde Geist dieses Mannes hat durch den vertrockneten Geist der Justizbürokratie keine Verurteilung erfahren, so vernichtend auch die Urteilsbegründung ausfallen mag.

Wir wissen vor wirtschaftlichem Elend und finanzieller Not nicht ein und aus. Die Regierung ergreift drakonische Maßnahmen, erläßt Notverordnungen, die auch vor der Sozialgesetzgebung nicht haltmachen. Die Betroffenen schreien auf, und ihre Organisationen und ihre Versicherungsanstalten fordern drohend eine Änderung solcher Politik. Unter Berufung auf den Sinn der Sozialpolitik, den Armen, Schwachen und Kranken zu helfen! Gleichzeitig aber geht diese selbe Versicherungsbürokratie hin und baut mitten in die Not des Volkes hinein einen prunkvollen Palast nach dem andern.

So hat die Berliner Ortskrankenkasse sich wieder ein neues Zentralverwaltungsgebäude geleistet, das bautechnisch »das allerneueste und kühnste Erzeugnis der Eisenhochbautechnik und ein Meisterwerk der Architektur« sein soll. Selbstverständlich ist es im Innern mit allem Raffinement neuzeitlicher Bürotechnik ausgestattet, es fehlt weder die Hausrohrpost noch die eigene Kraft- und Lichtzentrale, noch – eine Schmutzwasserhebeanlage. Was sollte auch aus der Krankenversicherung werden, wenn die Verwaltungspaläste keine eigenen Schmutzwasserhebeanlagen hätten! Dafür kostet der Wunderbau der Berliner Ortskrankenkasse auch nur die Kleinigkeit von fünf Millionen Mark.

Verständnislos lebt die Bürokratie neben dem Leben einher. Sie weiß nichts von den Lasten der Sozialversicherung, unter denen Arbeitgeber und Arbeitnehmer stöhnen. Sie weiß auch nichts von der zersetzenden Wirkung, die solche Baupolitik in dieser Zeit der Not ausüben muß.

Ist es einmal eine Krankenkasse, so ist es ein andermal eine Landesversicherungsanstalt, wie die sächsische in Dresden. Die wollte ihr Verwaltungsgebäude umbauen und hatte dafür an Baukosten 300 Tausend Mark ausgesetzt. Als der Umbau fertig war, stellte er sich auf 3,6 Millionen Mark. Dafür hatte er allerdings ein Treppenhaus, das allein 400 Tausend Mark kostete, und die Dienstwohnung des Präsidenten hatte eine Wasch- und Badeeinrichtung bekommen, die nicht unter 40 Tausend Mark zu haben war.

Straßen und Wege sind Einrichtungen, die der Verbindung getrennter Dinge dienen sollen. Die Straßen und Wege in Deutschland sind trotz der gewaltigen Steuern, die das Automobilwesen aufbringen muß, in einem schlechten Zustand. Wundert das einen Menschen, wenn er erfährt, daß es in Deutschland 64 Tausend Dienststellen gibt, die selbständig über das Straßenbauwesen bestimmen können?

Mitunter gebärdet sich die Bürokratie auch fortschrittlich. So fördert sie gelegentlich in Reden und Schriftsätzen das Verlangen des modernen Arbeitsmenschen, an Sonn- und Feiertagen in der freien Natur Erholung zu suchen. Sie gestattet ihm sogar, im Zelt zu schlafen. Zurückhaltender ist sie schon bei dem Vergeben von Gelegenheiten, ein Zelt zu errichten. Neuerdings aber hat sie auch diese Sache organisiert: Der Zeltlustige braucht sich nur einen Zeltschein zu zwei Mark zu besorgen, dann kann er überall dort ein Zelt errichten, wo es – gestattet ist. Wo das ist, sagt sie ihm nicht so freiwillig, aber sie stellt ihm anheim, bei der betreffenden Ortsbehörde sich jeweils gegen Zahlung einer neuen Gebühr die Genehmigung zu holen.

Wanderer, wenn du also abends oder nachts müde an einem See oder in einem Wald deine Ruhestätte aufschlagen willst, vergiß nicht, vorher in den nächsten Ort zu gehen und den Gemeindevorsteher aus dem Schlaf zu holen.

Er wird dir sicher herzlich eine gute Nacht wünschen. Vergiß das nicht und scheue auch nicht bissige Dorfhunde, denn bei Zuwiderhandlungen kannst du mit Geldstrafen bis einhundertsechzig Mark belegt werden.

Der große Patriot und Verwaltungsreformer Freiherr vom Stein wollte »den Staat aus seinem Eigenleben lösen, das durch den Formenkram und den Dienstmechanismus der Bürokratie Selbstzweck geworden war und vom Volke deshalb nicht zu Unrecht für unmoralisch gehalten wurde.« »Wir haben«, stöhnte er, »mit Buchstaben und Tinte die Verwaltung entmenscht, die Verwalteten entgeistet und alles in toten Mechanismus aufgelöst.«

Es gelang ihm auch wirklich, Breschen in die Mauer aus Aktendeckeln zu schlagen. Aber er ist seit hundert Jahren tot. Und die Bürokratie, die auch die Daten dieses Lebens in ihren Akten hat, ließ es sich nicht nehmen, den Herrn vom Stein zu feiern. Kann ihr da noch jemand Lebensfremdheit vorwerfen? Doch, das kann er! Aber Erfolg hat er damit nur, wenn er ein neuer Freiherr vom Stein ist.

Die Grüne Post, 12. Juli 1931

Lebensretter

Auch in unserer verschrienen Zeit passieren Geschichten auf dieser Erde, in diesem Deutschland, sogar in diesem Berlin, so unwahrscheinlich in der Handlung, so heroisch in den Personen, so selbstlos in den Motiven, daß auch der schwärzeste Pessimist den Glauben an die Menschheit wiedergewinnen müßte. Hier ist eine solche Geschichte, und sie ist wahr bis zum letzten Wort.

Vor drei Wochen sprang von der Lichtensteinbrücke in Berlin ein junges Mädchen in den Landwehrkanal. Es wollte sterben, weil der jugendliche Freund sich einer andern zugewendet hatte. Das ertrug sie nicht, da war das Leben nichts mehr wert, dieses Leben von sechzehn Jahren, warm und ohne Sorgen, rosig und hoffnungsfroh noch im ersten Liebesschmerz, wird es gemessen am elenden Dasein Hunderttausender anderer junger Menschen in der Millionenstadt.

Aber ein junges Mädchen von sechzehn Jahren, das wohlhabende Eltern hat, Essen, Trinken, Kleider und Taschengeld, braucht vom wirklichen Leben nichts zu wissen und besonders dann nicht, wenn es Herzweh hat und der November mit Nebel, Regen und Kälte den romantischen Daseinsüberdruß zur Todessehnsucht steigert. Dieses dumme Ding fühlte sich von Menschen und von Gott verlassen, weil ein dummer Junge es verlassen hatte; weil es nicht wußte, mit wem es nun in die Konditorei und zum Sportfest gehen sollte; und es sprang, den Absagebrief auf dem Herzen, ins Wasser.

Jedoch das Wasser war eiskalt in jenen Tagen, kalt wie die Hände des Todes, die nach dem warmen, jungen Leben griffen. Darum schrie das Mädchen gellend um Hilfe, schrie verzweifelt ums Leben. Aber die steilgemauerten Ufer des Landwehrkanals waren ohne Mitleid, und die Menschen hoch oben waren ohne Lust nachzuspringen und ohne Rat, wie anders zu helfen sei. Einige rannten uferentlang, einen Kahn zu holen, andere riefen einfach: Hilfe! Unterdessen zogen die Hände, die das Mädchen gesucht hatte, den ermatteten Körper nach unten. Bis die Schreie zum Wimmern wurden. Und verstummten.

Da war, gelockt von dem Lärm, zu den Menschen ein junger Mann getreten. Er erfährt, was geschehen, wirft den Mantel ab und springt vom hohen Ufer ins Wasser. Er schwimmt und taucht und schwimmt, und es gelingt ihm nach langem Mühen, das bewußtlose Mädchen an Land zu bringen. Hundert Menschen umstehen das Mädchen und wollen helfen, ein Arzt ist da, ein Schutzmann, noch ein Schutzmann. Das törichte Geschöpf wird ins Leben zurückgebracht, wimmert Namen und Wohnung, und eine Droschke fährt es unter Polizeiobhut heim ins elterliche Haus. Die Menge atmet auf, es war ein sehr aufregendes Erlebnis.

Der Retter! Einem der vielen fällt plötzlich der Retter ein. »Wo ist er?« »Er hat sich den Mantel angezogen und ist weggegangen!« »Wohin?« »Da hinunter!«

»Ich muß doch seinen Namen feststellen«, sagt der Schutzmann und setzt hinterher. Mit ihm ein Dutzend Menschen.

Am Tiergarten stellen sie ihn. Das Wasser läuft ihm von den Hosenbeinen in die Schuhe und von den Schuhen aufs Pflaster, und es ist gar nicht schwer, seine Spur zu verfolgen. Es ist wie bei einem angeschweißten Stück Wild, denkt der Schupo, oder wie bei einem angeschossenen Verbrecher. Dann aber schämt er sich solcher Gedanken, denn dies ist doch ein Held, wenn er auch jetzt mit dem hochgeschlagenen Mantelkragen und der Wasserlache um die Füße eher verdächtig als heldisch aussieht. Neugierige bleiben stehen, immer mehr, sie wittern ein Verbrechen; rennt sonst ein Grüner mit zehn zwölf Zivilisten hinter einem Menschen her? »Warum laufen Sie eigentlich weg?«, ruft der Schupo. »Ich muß doch Ihren Namen feststellen!«

»Wozu denn?«, fragt der Mann. »Sie kriegen doch sicher die Rettungsmedaille«, antwortet der Schupo. »Was soll ich denn damit?«

»Aber Sie haben doch einem Menschen das Leben gerettet!« Der Grüne ruft es ziemlich laut. »Das ist doch einfache Menschenpflicht!«, sagt der nasse Mann.

»Ich muß aber Ihren Namen feststellen. Wie heißen Sie?« »Wilhelm Burghardt.« »Was sind Sie?«

»Elektriker.« »Wie alt?« »Sechsundzwanzig.« »Wo wohnen Sie?« »Ich habe keine Wohnung, ich bin obdachlos.« »Was sind Sie? Obdachlos? Aber warum denn, Mensch?« »Weil ich kein Geld habe, ich bin seit langem arbeitslos.« »Und dann springen sie so einfach da rein und... und... ja Menschenskind...«

Es ist, als habe eine feurige Hand die Menschen berührt. Sie sehen jetzt alle, daß der Mantel des Mannes abgetragen ist, die Schuhe schief und daß der junge Mensch bleich und elend aussieht.

Und so etwas, das ohne Arbeit, ohne Geld und Bleibe ist, das hungernd und frierend umherläuft, springt einem Lotterlieschen, das sein Leben weggeworfen hat, im November ins kalte Wasser nach, zieht dann einfach den Mantel über die durchnäßten Plünnen und geht still seiner Wege, ohne sich Gedanken zu machen, wo das Zeug wieder trocken wird.

Der Schutzmann und die Menschen sind so verblüfft, daß sie den nassen Mann wirklich weitergehen lassen, indessen sie noch eine Viertelstunde lang den Vorfall diskutieren.

Die Geschichte fand ihren Weg in die Zeitung, einem der Zuschauer hatte hinterher doch das Gewissen geschlagen. Jetzt, da sie 's lasen, begriffen schon viele das Gewaltige dieses Vorgangs. Und einige wollten dem Menschen, der sein Elendslos, das Schicksal von Millionen, aufrecht mit der klassischen Selbstverständlichkeit eines Heroen trug, sie wollten ihm helfen. Daß es solche Menschen im Volke noch gab, keiner hatte es eigentlich für möglich gehalten. Daß einer half und sich belohnen ließ, daß einer rettete und sich rühmen ließ, daß einer in voller Lebenslust und Kraft für einen armen Kerl sich einsetzte, das war alles schon da gewesen! Aber daß einer, den das Leben so hart geschlagen hatte und der Grund haben konnte, der

Menschheit zu zürnen, daß so einer sein Leben und sein bißchen Hab und Gut für die Rettung eines überspannten jungen Dinges einsetzte und dann in ein noch trostloseres Dunkel zurückschlich, einfach, weil es Menschenpflicht sei, dem Mitmenschen zu helfen, das ging verschiedenen Leuten an die Nieren.

Sie bestürmten die Zeitung, den jungen Mann zu ermitteln. Aber die Polizei fand ihn nicht, und er kam auch auf alle Aufrufe in den Zeitungen nicht. Bis ein Freund die Aufrufe las und im Verein mit anderen Bekannten den Lebensretter aufstöberte.

Er wußte schon seit acht Tagen, daß man nach ihm suchte, aber er hatte sich nicht gemeldet, weil er für eine Handlung der Pflicht keine Belohnung annehmen wollte. Allein die Aussicht, wieder Arbeit zu finden, besiegte seinen Widerstand. »Denn dauernd ohne Arbeit zu sein«, sagte er, »kann einen schließlich wirklich am Leben verzweifeln lassen!«

Mir will scheinen, kein Artikel paßt besser zu diesem ernsten Sonntag, zu diesem traurigen Monat und zu diesem trostlosen Winter, als diese wahre Geschichte vom arbeits- und wohnungslosen Lebensretter. Eben weil sie so wahr ist, innen und außen, brennt die Tat des Mannes vom Landwehrkanal wie ein Licht, nein, wie ein leuchtendes Fenster in der düsteren Welt von Herzenserstarrung, Eigennutz und Mutlosigkeit, die uns umgibt.

Eine Beschämung für die Verhärteten, eine Mahnung an die Verzagenden und eine Bestätigung für alle, die sich den Glauben bewahrt haben!

Die Grüne Post, 22. November 1931

Wir wollen etwas vom Leben haben!

Wer Dornen seines Wegs zertritt,
ist mir der rechte Wandrer;
er lobt sich seinen rauhen Pfad,
nicht Blumenwiesen andrer.
(Aus dem Persischen)

Sokrates, der weise Grieche, wurde von seinen Jüngern gefragt: »Sage uns, Meister, was ist das Leben?« Der Weise antwortete: »Das Leben ist nur ein Wort!« – »Und wie heißt dieses Wort?« »Es heißt: Ich!«

Als sie aber hergingen und von ihm nahmen Gebärden, Äußerungen, sein Tun und Lassen, verwies er sie. »Aber du hast doch gesagt, du seiest das Leben«, sagten sie. »Ich habe gesagt, das Leben heißt: Ich«, antwortete er, »ihr aber nennt es: Du!«

Weise Männer müssen wohl so orakelhaft reden, die Literatur will es. In Wirklichkeit wird Sokrates gesagt haben: Ihr müßt euer Leben aus euch entwickeln, nicht immer im Hinblick auf das äußere Leben anderer. Und wenn ihr euer Leben dennoch mit dem Leben anderer in Einklang bringen wollt, so müßt ihr geben und nicht nehmen wollen.

In unserem Schlagworte plappernden Säkulum wollen die Menschen, reden sie vom Leben, nur immer nehmen. Jeden Tag und mit jedem Jahr tagtäglich mehr sagen sie: Man möchte doch auch etwas vom Leben haben! Und fast immer sind es die Äußerlichkeiten des Lebens, die sie meinen. Die es sagen, sitzen in allen Schichten der Bevölkerung, Arme und Reiche, Gebildete und Ungebildete. Die einen sehen das Etwas, das sie vom Leben wollen, im tüchtig Fleischessen, die anderen im Biertrinken, die Dritten im Nobelgekleidetgehen, im Mitmachen von Vereinsfesten, Gesellschaften, Reisen, fast immer im Mittun am öffentlichen Modetanz einer oberflächlich gewordenen Zeit. Damit wir uns nicht falsch verstehen: Der Mensch soll anständig essen, trinken, soll seinen Tabak rauchen, soll tanzen, wenn ihm froh ums Herz ist. Aber das ist es leider nicht, was er will; er will einfach mehr mitmachen, als er kann, er überschätzt diese Dinge, weil andere sie haben; er sieht in ihnen das Leben, von dem er etwas haben will.

Hat er ein Fahrrad, will er ein Motorrad; hat er ein Motorrad, will er einen Kleinwagen; hat er einen Kleinwagen, will er einen großen Wagen. Nicht aus Notwendigkeit, sondern aus Überschätzung der Äußerlichkeiten des Lebens. Und fährt er heute auf Ferien in die Sommerfrische, so will er nächstes Jahr ins Bad und übernächstes Jahr in den internationalen Kurort.

Fragen Sie einmal alle Ihre Bekannten, die Ihnen sagen, man wolle doch auch etwas vom Leben haben. Fragen Sie sie, was sie sich unter dem Leben vorstellen, von dem sie etwas haben wollen, und Sie werden finden, daß es immer um dieselben Äußerlichkeiten geht: Um den Rummelplatz des Lebens, nicht um das Leben selbst. Denn der Mensch hat sich angewöhnt, seinen Blick hinter den Schritten der anderen Männer hergehen zu lassen, anstatt seine Augen zu gebrauchen, um in sich selbst hineinzusehen. In allen Kreisen, in jedem Beruf.

Als ob jener Teil von uns, welcher der wertvollere ist für die Gestaltung unseres Lebens, überhaupt nicht mehr vorhanden wäre. Der alte Grieche, der da im Ich das Leben sah, hat auch gesagt: Der dumme Mensch lebt, um zu essen, der kluge Mensch ißt, um zu leben. Wobei er dieselbe Überschätzung profaner Genüsse des Lebens meinte, die wir das Verlangen nennen, mitzutun an den zeitgemäß gewordenen Äußerlichkeiten des Lebens. Da reden immer mehr Menschen, wenn sie morgens ins Büro, in die Fabrik, an die Arbeit müssen, von der verwünschten Tretmühle, und die jüngeren betonen noch gern, daß sie eigentlich zu etwas anderem und zwar immer zu etwas »Besserem« da seien. Und es sind dabei immer dieselben Menschen, die abends, wenn die tägliche »Fron« zu Ende ist, nicht wissen, was sie mit der freien Zeit und mit sich anfangen sollen. Wie ihnen ihre Arbeit eine Äußerlichkeit des Lebens ist, so ist ihnen die Freizeit eine Äußerlichkeit; sie langweilen sich und sagen von ihrem Verlangen, sich selbst zu entlaufen, sie wollten etwas vom Leben haben. Bekommen sie dann nicht, was die anderen haben, und sie bekommen es nie, dann sind sie verbittert und schelten die Verhältnisse, die Regierung und überhaupt das Leben.

Die Armen, sie bekommen bei solcher Einstellung zu ihrer Arbeit nicht einmal das vom Leben, was sie haben könnten, übten sie ihren Beruf richtig und mit Liebe aus.

Alles hat seine Zeit, und wenn die Zeit einer oberflächlichen Gestaltung des öffentlichen Lebens auch schon lang erscheinen mag, so ist das Leben des Einzelnen doch nur kurz. Aber das Leben läßt sich verlängern, läßt sich vertiefen und bereichern, wird es als das eigene, einmalige Leben gelebt.

Das aber geschieht, wenn der Mensch sich wieder mehr bewußt wird, daß die Pflege seines Geistes und seiner Seele ihn erst befähigt, mit wirklichem Genuß zu leben. Hygiene des Geistes und der Seele ist ebenso wichtig wie Körper-Hygiene. Die Nahrung des Geistes ist heutzutage billig, die Zeit reicht nicht einmal hin, sie aufzuraffen, und über die menschliche Seele schüttet die Natur die Fülle ihrer Offenbarungen auf Schritt und Tritt aus, ohne Gegenleistung, nur ein wenig Hingabe verlangt sie, nur das Gefühl, daß eine Blume schöner sein kann als eine Lichtreklame und ein Hund aufregender als eine Rumbatänzerin. Philister? Altmodische Leute? Laßt die Verzerrten ruhig so reden, ohne daß ihr nun selbst überheblich werdet; die Lichter der Schöpfung leuchten heller als jede elektrische Firlefanzerei, und die Musik freudiger Lebensbejahung macht die Füße leichter als die modischen Dissonanzen einer veräußerlichten Zivilisation.

Wer diese Talmi-Werte nicht braucht, findet es lächerlich, etwas vom Leben haben zu wollen, denn er bekommt alles. Er bekommt so viel an innerer Genugtuung und stiller Freude, daß er von der Fülle seiner Anteile am Leben abgeben kann an andere. Daß er abgeben muß. Wir treffen solche Menschen in allen Schichten des Volkes, sie ruhen irgendwie gefestigt in sich, und ihre selbstverständliche Freundlichkeit in einer Welt des Mißtrauens und der Härte läßt uns immer wieder verwundert aufsehen. Woher haben sie es nur, fragen wir dann, und bedauern uns, die wir so viel schwerer am Leben tragen, obwohl wir doch nur etwas vom Leben haben wollen; und sind mitunter sogar ärgerlich über die Daseinsfreude der anderen.

Dabei ist der Weg zum irdischen Paradies für alle Menschen gleich kurz: Er beginnt bei uns und endet bei uns.

Die Grüne Post, 27. Dezember 1931

Rückstrahler

Es ist nicht immer nötig, in der Weltgeschichte umherzufuhrwerken, um die Ursachen eines unfruchtbaren staatlichen Lebens zu finden. Mitunter genügt schon das Lesen eines polizeilichen Strafmandats. Das Strafmandat, von dem ich hier reden will, betrifft einen Rückstrahler. Ein Rückstrahler, auch Katzenauge genannt, ist ein Stück rotes Glas, mit dem Fahrräder, Karren und Wagen an ihrem hinteren Ende ausgerüstet sein sollen, damit sie im Dunkel der Nacht zu erkennen sind. Aus sich selbst können die Rückstrahler zwar nicht leuchten, aber wenn das Scheinwerferlicht eines Autos auf sie fällt, reflektieren sie – mitunter – das Licht. Dann kann man in dem rötlichen Schein gelegentlich sogar ein Hauptübel der deutschen Not erkennen: den Heiligen Bürokratismus, wie er aus einem hilflosen und einem weltfremden Auge das Leben anglotzt.

Bevor Sie weiterlesen, sehen Sie sich bitte diese beiden Rückstrahler an. Einer ist »unvorschriftsmäßig«, der andere ist »richtig«. Die beiden Dinger gingen uns aus Thüringen zu mit der Bitte, wir möchten feststellen, welches der ungültige sei.

Wir haben es auch durch Fachleute nicht feststellen lassen können. Wir haben die Rückstrahler auf zwei Fahrräder montieren und sie abends durch einen Auto-Scheinwerfer bestrahlen lassen. Da wir sie im richtigen Winkel zum Autolicht angebracht hatten, leuchteten sie beide gleich stark, wenn das Licht sie traf. Von elf Fahrrädern, die wir an diesem Abend überholten, hatten neun einen Rückstrahler, von diesen neun leuchteten jedoch nur ganze zwei, alle anderen waren verbogen oder falsch angebracht! Doch dies nur nebenbei! Warum in aller Welt sollte nun einer von unsern Rückstrahlern unvorschriftsmäßig sein? Sie kommen nicht darauf, kein Mensch ist darauf gekommen, soviel die Dinger auch besehen worden sind. Wir mußten uns erst bei der Polizei erkundigen, um hinter das Geheimnis zu steigen. Hier sei es preisgegeben:

Der eine Rückstrahler ist unvorschriftsmäßig, weil er nicht richtig gestempelt ist! Jawohl! Wenn Sie mit solchem noch so schön reflektierenden Rückstrahler getroffen werden, aber der Landjäger stellt fest, daß der Stempel nicht vorschriftsmäßig ist, so bekommen Sie ein Strafmandat über vier bis sechs Mark! Denn der Stempel ist die Hauptsache, nicht das Leuchten! Der Stempel hat an sich zwar keine Bedeutung, er ist weder eine Steuermarke, noch eine gebührenpflichtige Zulassungsbescheinigung, der Stempel besteht lediglich aus einem kleinen, vom Hersteller gleich eingestanzten Buchstaben und einer Zahl auf dem schwarzlackierten Befestigungsband des Rückstrahlers und ist nach vierzehn Tagen durch Rost und Verwitterung nicht mehr zu lesen. Aber das tut nichts, die Landjäger und Polizeibeamten lassen die Radfahrer absteigen und suchen an der Vertiefung im Befestigungsband des Rückstrahlers wenigstens zu erkennen, ob da einmal der richtige Stempel vorhanden gewesen ist.

Glaubt nicht, daß diese Tätigkeit den Beamten Spaß macht. Wen schreiben sie denn auf, wen müssen sie denn zur Anzeige bringen? Arbeiter, die nach Hause wollen, Arbeitslose, die auf Suche sind, Schulkinder. Die bekommen den Strafbefehl, die müssen sich einen neuen Rückstrahler kaufen, denn leuchtet der alte noch so schön, sie müssen ihn abmachen und wegwerfen. Wenn aber ein Rückstrahler den richtigen Stempel hat, dann kann er ruhig so schlecht angebracht sein, daß er nicht leuchtet, das schadet nichts, dafür gibt es kein Strafmandat.

Wer ist nun verantwortlich für den Unfug und die Schikaniererei? Nicht die ausführenden Behörden und ihre Beamten, sondern die verordnenden Behörden. Und der vermaledeite Partikularismus, diese deutsche Seuche sorgt für die Entartung des Unfugs zum Wahnwitz. Die Sache ist so: Nach einer Reichsverordnung vom 27.4.1929 müssen Kraft- und Kleinkrafträder und Fahrräder »nach eingetretener Dunkelheit und bei starkem Nebel mit einem Rückstrahler von gelbroter Farbe versehen sein«. Eine an sich sehr gute Vorschrift. Bevor diese Reichsverordnung herauskam, hatte Preußen bereits die gelbroten Rückstrahler für Krafträder und Fahrräder vorgeschrieben. Diese preußischen Rückstrahler trugen ein Prüfzeichen P.f.R. und die Nummer 1-113. Als die Reichsverordnung herauskam, ließen einige Länderregierungen die preußischen Rückstrahler weiter gelten, andere Regierungen aber knieten sich hinter die Reichsverordnung und setzten durch, daß sie ein eigenes Rückstrahler-Zeichen bekamen. Wenn der Preuße ein »P« führte, wollte der Bayer ein »By« haben, der Thüringer ein »T« und so weiter. Und es wurden durch Bekanntmachungen in den Amtsblättern die Bayern, Thüringer, Sachsen aufgefordert, von ihren Fahrrädern die mit »P.f.R.« gestempelten Katzenaugen abzumontieren und sich welche zu kaufen, die den heimatlichen Stempel tragen »Und wer's nicht tut, hat sich die Folgen selbst zuzuschreiben!« Die Länderbelange sind in Gefahr, wenn etwa auf einer thüringischen Landstraße ein preußisches Katzenauge leuchtet; sie sind schon bewahrt, wenn ein thüringisches Katzenauge nur am Rad sitzt; zu leuchten braucht es nicht!

Dafür haben wir Zeit, dafür haben wir Geld, dafür müssen sogar erwerbslose Leute Geld haben. Dafür wird die Zeit der Beamten vergeudet. Und wenn solch Ding auch nur eine Mark kostet, zunächst sträubt sich die Vernunft auch des primitivsten Menschen gegen die behördliche Unvernunft; aber das Sträuben kostet vier Mark, denn es gibt gar nicht erst Verwarnungen, es gibt gleich Strafmandate.

Ich weiß nicht, ob es in den großen Staaten der Vergangenheit eine Bürokratie gegeben hat wie die, die uns das Leben so schwer macht. Uns, die wir in einem Staate leben, dem finanzielle Not den Atem förmlich abschnürt; uns, die wir als Volk bedrückt und zerrissen sind; uns, die wir von staatlichen Gewalten wirklich nichts weiter als ein bißchen Vernunft und Lebenskenntnis verlangen! Der furchtbare bürokratische Geist unserer Zeit liegt wie ein Alp auf dem öffentlichen Leben, entzweit das Publikum und schuldlose Beamte und verkümmert im Bürger die Reste des Staatsgefühls. Der Wachtmeister schüttelt den Kopf: »Was soll ich machen, ich hab' den Unsinn nicht verbrochen!«

Er hat Recht, sein Landrat vielleicht auch, aber irgendwo sitzen doch diese unheimlich blinden Figuren, die den bürokratischen Ungeist mit Federkielwackeln wachhalten und die vor dem Grün ihrer Tische weder das grüne Leben erkennen, noch das verdorrende. Es sind dieselben, die heute, da Reich und Länder die Mittel für Schulen und Krankenhäuser kürzen und streichen, hergehen und unbekümmert um die wirtschaftliche und finanzielle Lage der Staaten Untersuchungen und Prozesse durch viele Monate führen lassen.

Unbekümmert um die Kosten, lediglich dem Buchstaben und dem bürokratischen Geist zuliebe. Akten türmen sich zu Gebirgen, Seen von Tinte werden leergeschrieben, es wird geredet, geredet, geredet. Unterdessen heult die Not durchs Land, Gemeinden, Länder und das Reich können ihre Aufgaben nicht mehr erfüllen, das nationale Elend macht uns dem Ausland gegenüber wehrlos: wir reden, verhandeln, schreiben! Verständnislos und gekränkt starrt der bürokratische Geist, wird er gelegentlich mal aufgescheucht, ins Leere. Aber er wird ja kaum noch aufgescheucht, er wird nur mitunter ein bißchen mit Witzen gekitzelt. Dann erläßt er ellenlange »Erklärungen« und »Richtigstellungen«. Und setzt sich hin und brütet neue papierne Windeier aus.

Was soll ihn aufscheuchen? Wer? Die Parlamente bewilligen sich selbst unbegrenzte Ferien, und sitzen sie mal wirklich beisammen, so haben sie für die Dinge des wirtschaftlichen und realen Lebens keine Zeit, dann müssen sie das Stroh ihrer Programme oder sich die Schädel dreschen. Im gelbroten Schein eines Rückstrahlers spiegelt sich ein müder Geist. Nicht einmal leuchten kann er aus sich selbst, er kann nur zurückstrahlen. Aber das Licht ist jeglichem bürokratischen Wesen ja auch Nebensache, die Hauptsache ist: der Stempel!

Die Grüne Post, 24. Januar 1932

Das Stehpult fehlt

Wir werden in diesem gebauschten Goethe-Jahr neben vielen gleichgültigen Artikeln auch oft jene sympathischen Bilder zu Gesicht bekommen, die des großen Dichters Arbeitszimmer und Sterbezimmer zeigen. Und immer wird uns eins auffallen: Wie einfach war doch die Werkstatt dieses gewaltigen Geistes, wie schlicht war der häusliche Rahmen eines solchen immerhin ziemlich wohlhabenden Mannes. Ist es schon bezeichnend für unsere Zeit, daß uns diese Einfachheit auffällt, so ist jene Geschichte, die von dem Besuch des mondänen und snobistischen Komödienverfassers Carl Sternheim im Goethe-Haus erzählt wird, erst recht ein Scheinwerferlicht: Als Sternheim in Goethes Arbeitszimmer stand, platzte er heraus: »In dem Zimmer hat der Mann gearbeitet? Ich weiß nicht, ich hätte da nicht ein Zeile schreiben können.«

Die meisten der alten Staatsmänner, Generäle und Handelsherren haben nicht anders gelebt als der Dichter Goethe. Als ich neulich den Inhaber einer alten Handelsfirma besuchte, zeigte mir der Chef mit Stolz das Stehpult, an dem der Großvater das Ansehen und das Vermögen der Firma erarbeitet hat. »Hier stand er jeden Tag viele Stunden, und wenn ihm die Beine lahm wurden, zog er einen alten Drehschemel herbei.«

Der Enkel sagte es mit Stolz und vergaß auch nicht hinzuzufügen, daß der Großvater nicht nur ein tüchtiger Geschäftsmann gewesen sei, sondern auch ein gründlicher

Kenner der alten Literatur. Seine Bibliothek beispielsweise. Wir gingen dann zurück in das Arbeitszimmer des heutigen Chefs, setzten uns wieder in die Klubsessel und sprachen von der Wirtschaftskrise, die es mit sich bringe, daß nun auch dieses alte Haus wackele. Was sagten solche Herren nur, wenn sie die Wirtschaftskrise nicht hätten...

Ich bin nicht altmodisch und nicht sentimental genug, um auf Stehpulte und Postkutschen eine Hymne zu dichten. In der Zeit des Tischtelefons mit zwanzig Anschlüssen, der elektrischen Sekretärin und des Flugzeugs paßt der Väter Hausrat nicht gut zur Ausstattung von Kontoren. Aber der Geist der Väter paßt sehr gut auch in diese Zeit, jener zeitlose Geist der Sauberkeit, Einfachheit, der Beschränkung auf den Zweck des Geschäftes, der Unterordnung der Äußerlichkeiten des privaten und geschäftlichen Lebens unter Sinn und Mittel der Existenz. Heute ist das geradezu umgekehrt, heute muß man repräsentieren um jeden Preis, muß blenden und täuschen. Heute redet man sich ein, der Kredit litte, wenn man nicht entsprechend aufträte. Und übersieht dabei, daß das alles wohl mal in Einzelfällen anging, daß die Sache aber nicht mehr wirkt, wenn eine für alle geltende Lebens- und Geschäftsauffassung daraus wird. Aber die Folgen sind ja weit schlimmer: Der Geist von Treu und Glauben wurde dadurch korrumpiert, und es wurde, weit über das Wirtschaftsleben hinaus, jene unselige Anspruchmacherei gezüchtet, die da glaubt, durch hohles äußerliches Getue innere Werte ersetzen zu können. Das geht über Wirtschaftskonzerne und Versicherungs-Gesellschaften längst hinaus, das ergriff Parteivorstände, staatliche und kommunale Unternehmungen, das erfaßte Berufs- und Sportorganisationen, Badeorte, Gaststätten, Wohnhäuser, Abendvergnügungen und Wochenendausflüge. Überall derselbe faule Zauber, der glänzendes Blech für Gold ansieht und fordert, man solle es auch für Gold nehmen. Immer der gleiche Geist verminderter Selbstbesinnung und vergrößerter Veräußerlichung, diese Entwertung innerer Wertnoten und Verantwortungsgefühle, diese Vernichtung der Individualität, ohne daß dafür ein Gemeinschaftswille erwachsen wäre. Was erwuchs, ist letzten Endes doch nur ein trüber materialistischer Egoismus, der sich auf die Gemeinschaft und den Staat nur dann besinnt, wenn er nicht mehr ein und aus weiß und Unterstützungen oder Subventionen verlangt ... *Die Grüne Post, 28. Februar 1932*

Und wer bezahlt das alles?

Braucht man einen Oberbürgermeister? Auf diese seltsame Frage bin ich nicht gekommen. Mein Nachbar Heinrich Polte, Schuhmachermeister, Anfertigung nach Maß, Reparaturen schnell und billig, hat sie mir gestellt. Mit vielen andern, ebenso seltsam, ebenso hintergründig. Und obwohl ich keineswegs geneigt bin, allein wegen seiner Nachdenklichkeiten den Nachbar Polte zum Politik- und Wirtschaftsführer vorzuschlagen, sage ich doch: Es ginge uns besser, hätten unsere Regierenden und unsere Politisierenden mehr von dem gesunden Menschenverstand, wie er im einfachen Volk anzutreffen ist!

Warum, fragte also Herr Polte, brauchen die Städte die teuren Oberbürgermeister, wenn die Inhaber der Posten einfach für ein Vierteljahr, für ein halbes oder ganzes Jahr zur Ausübung eines ganz anderen Amtes abberufen werden können, ohne daß für ihre Oberbürgermeister-Tätigkeit ein anderer Mann eingestellt werden muß?

Da war der Reichssparkommissar Dr. Goerdeler, der ging eines Tages aus seiner Amtsstube als Oberbürgermeister von Leipzig fort, regierte in Berlin, erfand die Preisauszeichnungen in den Schaufenstern, und in Leipzig lief das halbe Jahr alles im gewohnten Gang weiter. Jetzt ist er wieder zurückgekehrt. Da war der Dr. Böß ein halbes Jahr beurlaubt, ohne daß sein Posten neu besetzt wurde, es ging auch so. Da war mal der Oberbürgermeister Dr. Geßler, der Oberbürgermeister Dr. Luther, die gingen aus ihren städtischen Ämtern in die große Politik, und in ihren Städten wurden sie gar nicht vermißt. Da ist jetzt der Oberbürgermeister von Essen, der regiert nun Preußen, und sein altes Geschäft in Essen besteht, ohne daß ein neuer Oberbürgermeister die Lücke ausfüllt.

Ein Mann auf einem so hoch bezahlten und leitenden Posten wie ein Oberbürgermeister müßte doch eigentlich nicht eine einzige Woche zu entbehren sein? Nehmen Sie sich doch mal einen Geschäftsmann, der einfach ein halbes Jahr aus seinem Laden läuft, um in einer anderen Stadt einem fremden Geschäft zu helfen – ist das denkbar? Und so sage ich mir, irgendwas stimmt nicht in dem ganzen Kram, entweder braucht eine Stadt einen Oberbürgermeister, oder sie braucht ihn nicht!

Verachtet mir die Meister nicht! Und besonders nicht, wenn sie mit Politik nichts zu tun haben, sondern mit dem realen Leben. Denn Herrn Polte interessieren die politischen Hintergründe der ambulanten Oberbürgermeister gar nicht, nur die finanziellen. Wer bezahlt das, fragt er auch bei andern Dingen stets zuerst. Und beantwortet es auch: Wenn die Kosten aus der eigenen Tasche bezahlt werden müßten, würden alle großen Herren weniger großzügig sein!

Ich konnte dem Meister eine noch bösere Rechnung aufmachen: die Beamtenentlassungen aus politischen Gründen. Da hat der beurlaubte Oberbürgermeister von Essen, jetzt stellvertretender Reichskommissar von Preußen, ein halbes Dutzend Minister, drei Staatssekretäre, drei

Ministerialdirektoren, fünf Ministerialräte, zehn andere Ministerialbeamte, fünf Oberpräsidenten, sieben Regierungspräsidenten, zehn Polizeipräsidenten und neunundsechzig Landräte beiseitegestellt. Mit Ruhegehalt selbstverständlich. Das kostet Preußen an Pensionen und Umzugskosten jährlich ungefähr eine Million Mark. Wer bezahlt das, fragte Meister Polte. Und setzte kopfschüttelnd hinzu: Denken Sie mal, so wirtschaftete ein Geschäftsmann, ein Industriewerk! Und unsere Finanzen sind doch sowieso schon jämmerlich schlecht!

Lieber Freund, sagte ich, das macht Preußen nicht allein so. Das macht heute jedes deutsche Land so. Kaum sind die Landtagswahlen zu Ende, dann geht die neue Regierung daran, ihren Beamtenapparat zu säubern. »Säubern« nennt man es nämlich, wenn man Angehörige fremder Parteien entfernt und Mitglieder der eigenen Partei dafür anstellt. Dann setzt sie ein paar Dutzend Beamte auf Ruhegehalt und dafür ein paar Dutzend neue Beamte auf Dienstgehalt. Und da wir in Deutschland sehr viel wählen und keine politische Stetigkeit haben, erleben wir das Beamten-Auswechseln alle Augenblicke. So kommen zu den gewaltigen Kosten, die uns die Parlamente, ihre Abgeordneten und ihre Wahlen machen, noch die Ausgaben für den Beamtenschub hinzu.

Neuerdings machen das sogar schon die Kreistage und Städte. Nach jeder neuen Wahl werden auch dort erst einmal Beamte in den Ruhestand versetzt und neue eingestellt. Wenn das so weiter geht, ist in absehbarer Zeit jeder Deutsche einmal dran gewesen.

Und wer bezahlt das alles, fragte Herr Polte. Es ist seltsam, daß sich in einer Zeit, in der eigentlich jeder mit dem Pfennig rechnen muß, nicht alle Menschen diese Frage vorlegen. Sie tun es nicht, ihre Parteien tun es nicht, die Abgeordneten nicht und die Regierungen nicht. Sie sehen alle nur Politik, oder, was sie für dasselbe halten: politische Richtungen. Ihre politische Richtung. Ebensowenig wie sich Abgeordnete um Eisenbahn- und Posttarife kümmern, um Brotpreise, Krankenhäuser und Schulklassen, obwohl ihre Parteien gerade hierüber während des Wahlkampfes das Blaue vom Himmel versprachen, ebensowenig kümmern sie sich um die Kosten, die dem Volke ihre eigene Existenz bereitet. Keine Partei tut das. Zufrieden, mit anderen Parteien über Dogmen zanken zu können, übersehen sie gern den Zustand, daß Deutschland zehnmal so viel Minister und Abgeordnete hat wie wirtschaftlich gesündere Weltmächte von der Bedeutung Englands und Amerikas. Kommt man nicht mehr weiter in dem politischen Elend, dann gibt es eben Neuwahlen. Jetzt wird wieder mal zum Reichstag gewählt, nachdem der »alte« gerade drei Sitzungsstunden hinter sich hat. Wieder wird ein wilder Wahlkampf das Volk zerfleischen, und die Wirtschaft, die soeben begann, neue Lebenszeichen zu geben, bekommt eins mit dem Hammer auf den Kopf... Und es sind allein Leute vom Schlage des Schuhmachers Polte, die fragen: Und wer bezahlt das alles?

Die simple Frage eines einfachen Mannes sollte gerade jetzt Hunderttausende zum ernsten Nachdenken zwingen. Besonders, da hinter der Frage mehr steht als kleinbürgerliche Pfennigrechnerei: Die klare Erkenntnis, daß wir aus dem Elend nicht herauskommen, wenn wir das politische Leben nicht endlich von der Unverantwortlichkeit der unpersönlichen Parteien und Regierungen befreien und zu dem Grundsatz zurückführen, der im privaten und beruflichen Leben gilt: Wer die Verantwortung für das Geschehen hat, zahlt mit seiner Person!

Die Grüne Post, 18. September 1932

Der ewige Bock

Mit Betonung zählen gewisse Herren
die Jagd zu den Menschenrechten ...
(Merlin)

Die gewissen Herren, von denen hier der gute Merlin in seinen Spruchreimen über Wald und Wild spricht, sind die gleichen, die unter »Menschenrechte« eine Sammlung von Privilegien einer bevorzugten Kaste verstehen. Es sind auch gleichzeitig die direkten Nachkommen jener Völker, bei denen der Bock als Sinnbild der Dauer, der Wiederkehr, kurz, der Ewigkeit verehrt wurde.

Dinge und Sinnbilder wandeln sich im Laufe der Jahrtausende, der Mensch bleibt. Heute schießen nicht nur gewisse Herren, welche die Jagd zu ihren Menschenrechten zählen, Böcke; nein, der geschossene Bock ist als Sinnbild des Irrtums wirklich zu einem »Recht der Menschen« geworden, aller Menschen. Und da, nach Goethe, der Mensch irrt, so lang er strebt, nach Euripides sogar, so lang er lebt, so hat der Bock auf Umwegen auch wieder seine Bedeutung als Sinnbild der Dauer, der Ewigkeit bekommen.

Als der weise Grieche das Wort sprach: »Irren ist der Menschen Los!« – schrieb er davor: »Verzeihe liebreich!« Das aber vergessen die Menschen leider, wenn sie den Nebenmenschen auf der erfolgreichen Bockjagd erwischen. Im Gegenteil, sie stellen sich hin und sagen: »Unerhört, uns würde das nicht passieren!« – Kaum aber stehen sie an der Stelle des Kritisierten, da schießen sie erst recht Böcke. Welch Geschrei erhob sich bei seinen politischen Gegnern, als der frühere preußische Ministerpräsident Otto Braun gelegentlich in dem preußischen Staatsforst einen Hirsch schoß. Selbst seine politischen Freunde waren der

Ansicht, wenn ein sozialdemokratischer Minister einen Hirsch erlege, schieße er in Wirklichkeit einen Bock.

Dann erlebten wir, daß der Reichstagspräsident Hermann Göring, Mitglied einer besonders gegnerischen Partei, kaum im Amt, den Wunsch äußerte, in der Schorfheide auf Hirsche zu pirschen. In der preußischen Schorfheide, zu der die amtlichen Beziehungen eines Reichstagspräsidenten keineswegs so enge sind wie die des Chefs der preußischen Regierung.

Die politischen Freunde des Reichstagspräsidenten Göring fanden diesmal an dem Jagdgelüst nichts dabei; sie waren nur entrüstet, daß man ihrem Freunde lediglich einen »dünnen« Hirsch zubilligte. Worüber sich nun wieder die politischen Freunde des ehemaligen Ministerpräsidenten aufregten.

Kaum war das Gras des mehr oder weniger liebreichen Verzeihens über den vom Reichstagspräsidenten zwar nicht erlegten Hirschen, von seinen Freunden aber geschossenen Bockes gewachsen, da wurden gleich neue Böcke geschossen. Diesmal in Massen. Es ist, als ob die deutsche Politik wenigstens in dieser Beziehung überaus erfolgreich sein müsse.

Der Reichskanzler schoß in der preußischen Romintener Heide einen Hirsch, und dieser Hirsch wurde ihm von den Freunden des Reichstagspräsidenten, aber auch von den Freunden des preußischen Ministerpräsidenten als politischer Bock vor die Füße geworfen. Es war wohl auch einer, aber er war es nur dadurch, daß mit dem Reichskanzler gleichzeitig auch der frühere Kronprinz in der Romintener Heide einen Hirsch jagte und damit fraglos auch für die politischen Freunde seiner Sache einen Bock schoß. Doch wir sind so sehr gesegnet mit strebenden Menschen, die irren, und mit bereitstehenden Böcken, daß nun auch noch Graf Alvensleben, der Präsident des für Deutschlands

Wiedererstarken und gegen die Freunde des Ministerpräsidenten Braun und gegen die Freunde des Reichstagspräsidenten Göring gleich rührigen »Herrenklubs««, in der Schorfheide einen Hirsch schießen mußte; wobei er mit dem preußischen Ministerium für Forsten Krach bekam, weil man ihm nicht gestattete, das Geweih des Hirsches zu behalten. Auch beim allerliebreichsten Verzeihen menschlicher Schwächen und Irrtümer darf man jetzt sagen: Sorgen haben die Leute in dieser Zeit!

Wird einmal die politische Geschichte Preußen-Deutschlands der letzten Jahre geschrieben, dann darf das Kapitel über die Hirsche und Böcke nicht fehlen. Es ist ein zu schönes Zeugnis für die menschliche Unvollkommenheit, und es ist immerhin möglich, daß spätere Generationen daraus zum mindesten lernen, vorsichtiger beim Kritisieren der Schwächen politischer Gegner zu sein.

Heute ist es doch so, daß man nicht nur die Schwächen des Gegners anprangert, sondern auch seine ganze Tätigkeit mit Geringschätzung behandelt, nur weil er ein politischer Gegner ist. Die Selbstüberhebung, die solchermaßen gefördert wird, verliert jede Möglichkeit, sich selbst zu erkennen, und wird schädlich.

Es ist ja nicht mehr jene menschlich-harmlose Selbstüberschätzung, die wir seit alten Zeiten im Kampf der Generationen finden, wo es immer der Jüngere besser weiß als der Ältere, wo immer der Untergebene die Sache besser machen würde als der Vorgesetzte. Dieses »Gar nichts versteht der von der Sache, ich sollte mal an seiner Stelle stehen« verliert nämlich mit jedem Lebensjahr einen Grad der Schärfe und Sicherheit und lautet schließlich, wenn Erfahrung, Reife und die errungene Vorgesetztenstellung da sind: Lieber junger Freund, so habe ich auch mal gesprochen; wenn Sie älter geworden sind und auf meinem Posten sitzen, werden wieder Sie genauso reden und han-

deln wie ich! ... Es irrt der Mensch, solang er strebt und lebt. Es ist daher für jedermann besser, das zu seinen Lebzeiten zu erkennen. Führt es auch nur dazu, die eigene Wertschätzung nicht zur Überheblichkeit, geschweige zur sittlichen und politischen Heuchelei werden zu lassen. Dann mag der lebende oder der geschossene Bock weiterhin Sinnbild ewiger menschlicher Unvollkommenheit bleiben. *Die Grüne Post, 30. Oktober 1932*

Deutscher Mann, was nun?

In den meisten großen Werken gibt es Kasinos und Kantinen. Da essen Angestellte und Arbeiter zum sogenannten Selbstkostenpreis. Auch haben sie das Recht, durch eine gewählte Vertretung die Qualität der Speisen überwachen und den Speisezettel bestimmen zu können. Da sie es nicht tun, macht es der Koch selbständig. Da es der Koch selbständig macht, schimpfen sie auf das Essen und auf den Koch. Der kocht bestimmt für sich und einige Bevorzugte besonders, sagen sie, wir andern sind zum Bezahlen da. Und sie schimpfen überhaupt auf die ganze Einrichtung. Immer aber wählen sie ihre Vertretungen neu, und immer wieder kümmern die sich nicht um ihre Rechte. Und das besonders Peinliche in diesem Falle ist, daß sich ein ganzes Volk an der ewigen Wassersuppe nicht nur Stimmung und Arbeitslust, sondern auch den Magen und die Konstitution verdirbt und daß es eine auf dem Papier stehende Selbstbestimmungs-Einrichtung auch noch weit über den Selbstkostenpreis bezahlen muß.

Das Kritisieren der Parteien und den Kampf der Parteien hat es immer gegeben, das Schimpfen auf Parteibildung überhaupt ist eine neuzeitliche Mode. Eine gefährliche Mode für alle, die nicht aus Überzeugung oder Interessenwahrnehmung bewußte Autokraten sind. Wer dem Volke Selbstbestimmungsrecht und Selbstverwaltung zugestehen will, der muß ihm auch Parlamente zugestehen; und wer Parlamente will, der muß Wahlen hinnehmen. Und für die Wahlen braucht man eben Parteien. Anders kein Volksparlament. Denn das Parlament soll doch eine Auslese von Volksgenossen sein, gewillt, über alle Nöte des Volkes zu beraten mit dem einen Ziel, ihm zu helfen.

Soll! Da die Parlamente sich mit jedem Jahr weniger um diese ihre erste und einzige Aufgabe kümmerten, sagten auch solche Bürger, die früher dem Parlamentarismus anhingen, daß die ganze Einrichtung zwecklos sei und man besser den starken Mann wirtschaften lasse. Jeder verstand darunter nur wieder den starken Mann seiner Partei, aus seiner Geschmacksrichtung und war erst hinterher enttäuscht, als er sah, daß der Koch seine eigenen Leibgerichte und die seiner Freunde kochte. Das liegt nun mal im Wesen einer autoritären Küchen-Führung.

Sollen wir solcher Zustände wegen nun auf das Wählen einer neuen Vertretung verzichten? Nein! Zwar haben es die Parteien den Kritikern leicht gemacht, aber die Kritiker, nämlich wir alle, haben es auch den Parteien leicht gemacht. Wir ließen sie schalten und walten, bis sie durch die Unfähigkeit ihrer Vertreter für parlamentarisches Leben das große Erbe der Väter in Grund und Boden verwalteten und das Parlament und schließlich auch die Parteien von der Beteiligung an der Führung der staatlichen Geschicke ausschalteten. Im Reichstag, in Landtagen, in Stadtverordnetenversammlungen.

Immer nur politischer Stunk und Parteiengezänk, keine fruchtbare Arbeit. Was kümmerte einen heutigen Abgeordneten Benzinwucher, Eisenbahntarife, Zölle, Arbeitsbeschaffung! Wenn es viel war, gab es Reden durchs Fenster und Anträge, von denen man sich eine propagandistische

Wirkung für die Partei versprach. Man bewilligte auch Ausgaben dafür, noch und noch, drückte sich aber vor der Bewilligung neuer Einnahmen. Man war schließlich froh, als die Faust der Aufsichtsbehörde aus dem Dunkel griff und einem mit Verordnungen und Notverordnungen die Verantwortung abnahm. ...

Die Schlachtung Preußens durch eine Reichsregierung, die kaum ein Zehntel der deutschen Wählerschaft hinter sich hat, beunruhigt heute auch jene Kreise, die der alten preußischen Regierung aus Partei-Gegensätzlichkeit das gewaltsame Ende wünschten. Nun ergab sich, verbrieft vom Staatsgerichtshof, daß jene Faust aus dem Dunkeln etwas danebengegriffen hat: Das Opfer lebt noch, es ist körperlich zwar lädiert worden, es hat auch den Geist der Selbstverwaltung aufgegeben, aber dieser Geist sitzt gescheucht und mißtrauisch auf den Ländergrenzen. Von dort aus beobachtet er, wie zwar nicht mehr eine Faust, wohl aber geschickte Finger sich bemühen, ihm das bißchen Leben zu nehmen, das ihm das Leipziger Urteil noch garantiert hat.

Eine große Unlust liegt über Land und Volk. Möglich, daß dadurch das politische Leben ruhiger wird in Deutschland. Aber es ist nicht jene Ruhe, die wir brauchen. Die Zerstörung des herrlichen Gutes der Selbstverwaltung kann mit der Zerstörung der Selbständigkeit eines Landes beginnen, sie kann weitergehen mit der Zerstörung der Parlamente, sie wird aber auch zur Zerstörung der Parteien führen. Eben durch die Unlust der Wähler, bestärkt durch die parlamentarische Unbegabtheit der Gewählten. Dies aber führt geraden Weges zur Zerstörung des Staatsbürgergefühls und zur Vernichtung des Restes an persönlichem Verantwortungswillen. Und übrig bleibt ein Zustand staatlichen Lebens, wie er vor Bismarck oder gar vor dem Freiherrn vom Stein üblich war. Ein Zustand der Geheimen Kabinettspolitik und der Interessentenwirtschaft. Wer das nun will, der gehe wählen! Auch Parlamentsmitglieder und Parteien werden aus der politischen Entwicklung des letzten Jahres gelernt haben. Aber selbst ein unfruchtbares Parlament wäre besser als ein Zustand, in dem zwar die Wahlmüdigkeit ebenso allgemein sein mag wie die Sehnsucht nach der ordnenden starken Hand, in dem aber leider auch bei angestrengtem Suchen vor lauter geschäftigen Fingern die starke, ordnende Hand nicht zu erblicken ist.

Schlechter kann das Essen im Reichskasino nicht werden? Doch, Freunde, es kann noch schlechter und noch teurer werden! *Die Grüne Post, 6. November 1932*

Die Flüsterer

Sie waren schrecklich, die Bratscher und Lautsprecher. Wo wir sie auch trafen, ob im Hause, im Geschäft, im Beruf, im Verein, in Lokalen oder im öffentlichen Leben: Wenn sie so volltönend daherredeten und mit Schall und Schwall die Lücken des Wissens und Könnens auszufüllen versuchten, hatten wir wohl alle das Gefühl, mit widerwärtigen Zeitgenossen zusammenzusein. Und es war nicht allein der Umstand, daß man unsern in diesen lärmerfüllten Jahren besonders ruhehungrigen Ohren wehtat, der uns die bramsigen Lautsprecher ablehnen ließ; es war auch die aus Erfahrungen gewonnene Überzeugung vom größeren Wert der Stillen im Lande, der Besinnlichen. Wohl jeder hat in seinem Bekanntenkreis ein paar dieser Bratscher, und jeder kennt wohl auch eine Anzahl ruhiger, stiller Menschen, so daß es ihm leicht ist, an der eigenen Neigung zu diesem oder jenem das Gesagte nachzuprüfen.

Nun aber macht sich überall, im privaten, beruflichen und öffentlichen Leben eine neue Art Mitmenschen breit, die noch peinlicher ist als die Lauten: die Flüsterer! Es sind das Leute, die immer, wenn sie andere treffen, erst mal scheu und ängstlich umhersehen und einem dann unter geheimnisvollem Getue etwas ins Ohr flüstern. Der Schauplatz spielt gar keine Rolle mehr; sie sind das Flüstern schon so gewöhnt, daß sie das, was sie in Lokalen, Straßenbahnen und Büros übten, nun auch schon unter vier Augen betreiben. Dabei sind ihre Neuigkeiten und Geheimnisse durchaus keine verbotenen Greuelnachrichten oder politische Ketzereien, nein, schon alltägliche Berufs- und Geschäftsangelegenheiten können sie nur flüstern. Man kann sie auch die Knopfloch-Schieler nennen, denn schauen sie sich um, so suchen sie zunächst die Knopflöcher der Benachbarten ab. Mich hat neulich sogar ein Engländer auf diese peinliche Neuerscheinung unseres Lebens aufmerksam gemacht.

Die Tatsache, daß unter diesen Flüsterern zahlreiche ehemalige Mitglieder der Bratscher-Gilde sind, erklärt manches, wenn auch nicht alles. Der Weg vom Prahler zum Duckmäuser ist nur kurz, aber die Mehrzahl der Flüsterer besteht doch wohl aus jenen Abseitigen, deren politische Harmlosigkeit lediglich vor neuen Fahnen erschrak. Hinzu kommt, daß eine Fülle von Angebereien und persönlichen Auf- und Abrechnungen, wie sie nach jeder Revolution üblich ist, die Luft für das menschliche Zusammenleben beinträchtigte und eine Atmosphäre des Mißtrauens und der Zurückhaltung schuf, die offener, redlicher Menschen eigentlich unwürdig ist...

Wie man diese peinliche Erscheinung aus dem deutschen Volksleben tilgt? Es gibt ein probates Mittel: Antworte, wenn dir jemand nach scheuem Umherblicken etwas zuflüstert, in der für Gespräche üblichen Lautstärke. Das Erschrecken genügt meist schon, den Flüsterer von der lächerlichen Torheit seines Beginnens zu überzeugen.

Denn ein redlicher, offener Mensch hat nichts zu verbergen, auch dann nicht, wenn er eine eigene Weltanschauung neben der allgemein gültigen hat. Nur anständig soll diese Weltanschauung sein, sich anständig äußern und sich nicht gegen die Interessen seines Volkes richten.

Ich kenne Menschen, die seit Jahrzehnten alles, was sie sagen und tun, so sagen und tun, als ob es jeder höre und sehe, die für sich weder ein Brief- noch ein Bank- oder Steuergeheimnis beanspruchen. Der Erfolg ist überwältigend, in ethischer und allgemeiner Beziehung: Der feste Wille, nichts zu verbergen und nichts zu sagen und zu tun, was nicht vor jedem Menschen und vor aller Öffentlichkeit zu verantworten ist, zwingt nach Überwindung der anfänglichen Scheu den Menschen, den Schein zu vermeiden und so zu sein, wie er innerlich beschaffen ist. Das verbessert den Charakter, verschafft ungewollt die Anerkennung der Mitmenschen und stellt endlich das Fundament dar, das in allen Stürmen des Lebens den Menschen und sein Geschick sicher trägt.

Viel mehr, als es bislang geschah, müßten Familie, Schule und Staat mit den alten Anschauungen aufräumen und für die alberne Wichtigtuerei mit dem Schein des Lebens die Erziehung zur offenen Darstellung des Seins betreiben. Wer nichts Wesenhaftes zu verbergen hat, hat nichts Wesentliches zu befürchten.

Die Altmodischen nennen einen solchen Zustand das gute Gewissen, wir wollen ihn das Vertrauen auf die siegreiche Kraft der Ehrlichkeit nennen. Denn Offenheit ist Ehrlichkeit, ist jenes kostbare Gut, das, aus Einzelnen genommen und zusammengefügt, erst die sittliche Vervollkommnung eines Volkes und die wirkliche Kraft einer Nation ergibt. *Die Grüne Post, 15. Juni 1933*

Ohne Schloß und Riegel

Lesen Sie das mal, sagte der Wirt, bei dem ich esse, legte mir die Zeitung hin und zeigte auf eine Notiz. Ich las: Die ehrliche Eifel.

Zwei junge Paare bemerkten in einem Gasthof bei Schleiden in dem verwaisten Wirtschaftsraum eine Tafel mit folgender Inschrift: Da wir wegen der Ernte auf dem Felde zu tun haben, bitten wir unsere lieben Gäste, sich selber zu bedienen. Preisverzeichnis umseitig. Das Geld wollen Sie bitte in die Kasse legen.

Die Gäste bedienten sich selbst. Bei der Bezahlung entdeckten sie, daß bereits über fünf Mark in die Kasse geflossen waren. »Vertrauen auf der einen Seite erzieht zur Ehrlichkeit auf der anderen Seite«, antwortete ich. Mein Wirt kratzte sich hinterm Ohr: »Ich will die Sache einstweilen lieber nicht nachmachen!«

Die Notiz hat in mehreren Zeitungen gestanden. Vielleicht wurde sie inmitten schwerer wiegender Nachrichten oft übersehen. Vielleicht hat sie noch öfter Freude über das Vertrauen des Gastwirts in der Eifel und über die Ehrlichkeit seiner Gäste geweckt. Sicherlich wurde sie stets als eine Art Kuriosum in unserer Zeit angesehen. Dabei ist das, was sie an guten menschlichen Eigenschaften rühmt, eigentlich nur etwas Selbstverständliches. Oder richtiger, etwas, was selbstverständlich sein sollte.

Warum es nicht so ist, dürfte wohl nur zu einem gewissen Teil seine Erklärung und Entschuldigung in der Zerrüttung der privaten und öffentlichen Moral durch die Not und das Elend der Nachkriegsjahre finden. In seinen anderen Teilen wird es als Wirkung eines üblen Zeitgeistes und als Folge einer ungenügenden Erziehung durch Familie, Schule und Staat gedeutet werden müssen. Bei Reisen im Ausland, besonders in nordischen Ländern, fühlte man bei der Wahrnehmung einer selbstverständlichen öffentlichen Ehrlichkeit immer wieder etwas die Beschämung: Warum ist das bei uns nicht so?

Ich will in Edinburgh in einem großen Hotel mein Zimmer abschließen und habe keinen Schlüssel. »Aber warum«, fragt die Frau, der die Etage untersteht. »Ich habe doch allerhand Wertvolles in meinem Gepäck!« Sie macht ein Gesicht, halb Erstaunen, halb Beleidigtsein: »Hier wird doch nichts gestohlen!« –

Mein Koffer soll irgendwo in Nordschottland allein reisen. »Bekomme ich denn keinen Auflieferungsschein?« »Wozu denn?« »Als Legitimation für mich beim Abholen.« Ich bekomme keinen Schein. –

Am andern Ort. »Da ist ein brauner Koffer mit meinem Namen angekommen.« »Wollen Sie ihn bitte heraussuchen!« »Der da!« »Bitte schön, nehmen Sie ihn!« –

In Christiansand in Südnorwegen kann der Hotelbote meinen Koffer nicht mehr mitnehmen. Er stellt ihn einfach auf die Straße. Und holt ihn nach einer Stunde. Dann die Fahrräder: So du nach Dänemark oder Holland kommst, da stehen die Räder unangeschlossen zu vielen Dutzenden auf den Straßen, stundenlang; es werden weniger Räder gestohlen als bei uns Autos. –

Und was die offene Kasse des Gastwirts aus der Eifel betrifft: Sogar in New York fand ich Zeitungsstände, an denen die Käufer sich selbst bedienten und ihr Geld in eine offene Schachtel warfen. Vielleicht war es hier aber nur das geringe Objekt, das zur Ehrlichkeit verpflichtete.

Es können fraglos Tausende ähnliches erzählen. Wahrscheinlich empfanden sie bei dem Erfreulichen solcher Zustände ebenfalls das Bedauern darüber, daß es bei uns derartiges nicht gibt.

Es gab und gibt ähnliches bei uns. Auf dem Lande. Da habe ich noch immer Fahrrad und Gepäckstücke ohne

Schloß und Riegel gelassen, wo sie gerade waren. Allerdings auch nur in solchen Kleinstädten und Dörfern, die von den Ausstrahlungen der großen Städte noch nicht erfaßt waren. Ich weiß, daß ich mit dieser Vorsichtsmaßnahme anscheinend jenen recht gebe, die für den Unterschied in der öffentlichen Ehrlichkeit nur die wirtschaftlichen Verhältnisse verantwortlich machen. Es ist auch richtig, daß auf dem Lande weniger leibliche Not herrscht als in den großen Städten; und richtig ist ferner, daß Not und Elend schlechte Tugendlehrer sind. Es mag auch sein, daß mit dem Abnehmen der Arbeitslosigkeit und der Verminderung der Not die Versuchung, durch Unehrlichkeit die Lebenslage zu verbessern, von selbst eingedämmt wird. Wir sehen ähnliches ja, wenn wir unsere Zeit jenen traurigen Jahren nach dem Krieg gegenüberstellen, in denen kein Stückchen Seife, kein Fenstervorhang und sogar kein Lederkissen in den Zügen sicher war.

Eins aber bleibt gegenüber allen Zugeständnissen an die wirtschaftliche Not als Verführerin zur Unehrlichkeit doch zu beachten, als Wichtigstes zu beachten, daß die Unversehrtheit der einfachen moralischen Grundbegriffe die Vorbedingung für die Ehrlichkeit im öffentlichen Leben ist! Sie erst schafft den Damm gegen die Versuchung, sie erst macht das Vertrauen des Gastwirts in der Eifel und die Handlung seiner Gäste zu derselben Selbstverständlichkeit, mit der anderswo ein Koffer stundenlang auf der Straße stehen kann.

Vielleicht hat eine Zeit, in der man nicht viel Wert darauf legte, ob Eigentum durch eigene Arbeit oder durch Spekulation und trübe Raffgier erworben war, dazu beigetragen, den Respekt vor dem Eigentum anderer zu zerstören; es wäre dann nur um so notwendiger, die planmäßige Erziehung zur Ehrlichkeit von den großen Dingen der Verwaltung, der Wirtschaft und des Verkehrs bis zur Erfassung der kleinsten Angelegenheiten des Bürgers zu betreiben. Weil dann umso leichter auch Züchtung und Pflege der Ehrlichkeit der Gesinnung ist.

Einstweilen mag man es in dieser Sache noch halten wie mein Wirt mit seinem Vertrauen zu seinen Gästen: abwartend. Unberührt davon bleibt die Erkenntnis, daß der Gastwirt in der Eifel unbewußt das Richtige tat: durch freiwilliges Vertrauen in die guten Eigenschaften der Menschen ihre minderwertigen Regungen zu beseitigen. Denn mit der Gesinnung eines Menschen verhält es sich wie mit dem Eigentum: ehrlich im werteschaffenden Sinn für ein Volk ist nur die durch Arbeit an der Gemeinschaft errungene Gesinnung, nicht die der Spekulation oder in Habgier erraffte. Sie ist das beste Eigentum des Menschen, und sie ist um so wertvoller für ihn, je selbstverständlicher man sie – ohne Schloß und Riegel führt.

Die Grüne Post, 27. August 1933

Erläuterungen zu den Texten

S. 15
Kantor Kannegießer
Eine der schönsten Figuren Welkscher Prägung in dessen Romanen »Die Heiden von Kummerow« und »Die Gerechten von Kummerow«, mit der der Autor seinem Biesenbrower Lehrer ein Denkmal setzte.

S. 15
Cave canem!
Lat.: Hüte dich vor dem Hund! Inschrift an Tür oder Schwelle altrömischer Häuser.

S. 16, 56
Martin Grambauer
Mit autobiographischen Zügen ausgestattet, eine der schönsten Romangestalten in Welks Romanen »Die Heiden von Kummerow« und »Die Gerechten von Kummerow«.

S. 21
Johann Heinrich Pestalozzi
Schweizer Pädagoge, 1746-1827; gilt als Begründer der modernen Pädagogik. Er strebte die Ausbildung aller Anlagen aller Kinder an, dabei seinem Grundsatz folgend, Berufs- und Standesbildung müssen immer der allgemeinen Menschenbildung untergeordnet werden.

S. 31
Bramarbas
Prahlhans, Aufschneider.

S. 35
Napoleon I. Bonarparte
Kaiser der Franzosen und hervorragender französischer Feldherr, 1769-1821; wurde durch einen Staatsstreich am 18./19. Brumaire, den er leitete, Erster Konsul in Frankreich, ließ sich 1804 zum Kaiser krönen.
Brachte Frankreich vorübergehend bis zu den Befreiungskriegen 1812/13 die Vormachtstellung in Europa ein. Starb in der Verbannung auf Sankt Helena.

S. 38
Sela
Frz.: c'est la. So ist das.

S. 64
Sacco und Vancetti
Streikführer italienischer Herkunft in den USA; wurden auf Grund vorsätzlich falscher krimineller Anklagen nach fragwürdiger Beweisführung 1921 des Mordes beschuldigt, 1927 hingerichtet; 1977 rehabilitiert.

S. 66
Clerk
Engl.: Sekretär.

S. 71
Theodor Mommsen
Deutscher Historiker, 1817-1903; Professor für Alte Geschichte in Leipzig, Zürich, Breslau und Berlin, gehörte von 1873/79 dem Preußischen Abgeordnetenhaus und danach dem Reichstag an. Verfaßte die »Römische Geschichte« und das »Römische Staatsrecht«, erhielt 1902 den Nobelpreis für Literatur.

S. 71
Herodot
Griechischer Geschichtsschreiber, 490-450 v.u.Z..

S.71
Thukydides
Griechischer Geschichtsschreiber, 460-etwa 400 v.u.Z.. nahm als athenischer Feldherr am Peloponnesischen Krieg teil. Gilt als Begründer der pragmatischen Geschichtsschreibung, verfaßte die »Geschichte des Peloponnesischen Krieges«.

S.71
Polybios
Griechischer Historiker, um 200-120 v.u.Z.; sein Hauptwerk – eine 40-bändige »Weltgeschichte«.

S. 71
Friedrich Christoph Schlosser
Bürgerlich-demokratischer Historiker, 1776-1861; lehrte als Professor für Geschichte in Heidelberg.

S.71
Leopold v. Ranke
Deutscher Historiker, 1795-1886; gilt als Begründer der modernen quellenkritischen Geschichtswissenschaft.

S. 77
Orplid
Die von Ehm Welk in Anlehnung an ein Gedicht von Eduard Mörike gewählte literarische Bezeichnung für das Land seiner Kindheitserinnerungen in seinem autobiographischen Roman »Mein Land, das ferne leuchtet«; das Land »Orplid« war für Ehm Welk zeit seines Lebens Sinnbild für Heimat und Lebensharmonie.

S. 78
Lord Nelson
Britischer Admiral, 1758-1805; begründete die ein Jahrhundert andauernde britische Seemachtvorherrschaft durch seinen Sieg in der Schlacht bei Trafalgar über die französisch-spanische Flotte, in der er auch fiel.

S. 78

Jean Paul

Eigentlich: Jean Paul Friedrich Richter, 1763-1825; deutscher Prosaschriftsteller zwischen Klassik und Romantik, bekannt vor allem als Aphorismenschreiber.

S. 78

Lord Byron

Englischer Dichter, lebte von 1788-1824.

S. 79

Augustus

lebte von 63 v.u.Z.-14 u.Z.; war von Cäsar adoptiert und wurde nach dessen Tod römischer Kaiser.

S. 79

Alphonse de Lamartine

Französischer Dichter, 1790-1869; bekannter Lyriker der französischen Romantik.

S. 81

Jules Lemaitre

Französischer Literaturkritiker, Journalist und Dramatiker, 1853-1914; schrieb literarische Porträts von »Zeitgenossen« .

S.93

Henry Ford

amerikanischer Großindustrieller, 1863-1947; konstruierte 1892 das erste Ford-Automobil und gründete 1903 die Ford Motor Company.

S. 94

Johann Kaspar Lavater

Schweizer Philosoph, Theologe und Dichter, 1741-1801; befreundet mit Goethe, war ein Gegner der Aufklärung und der Französischen Revolution.

S. 96, 102

Umberto Nobile

Italienischer General und Luftschiffkonstrukteur, 1885-1978; überflog 1926 zusammen mit dem norwegischen Polarforscher Roald Amundsen den Nordpol.

S. 96

Richard Evelyn Byrd

Amerikanischer Admiral und Polarforscher, 1888-1957; überflog von Spitzbergen aus als erster 1926 mit dem Flugzeug den Nordpol und 1929 den Südpol. Den Winter 1933/34 verbrachte er allein auf einer vorgeschobenen Wetterstation auf dem Schelfeis.

S. 96

Sir George Hubert Wilkins

Australischer Polarforscher, 1888-1958; beteiligte sich seit 1913 an zahlreichen Flügen zur Erforschung der Arktis und Antarktis, scheiterte 1931 mit seinem Versuch, den Nordpol mit einem Unterseeboot zu erreichen.

S. 100

Demosthenes d.J.

Griechischer Redner und Staatsmann von Athen, 384-322 v.u.Z; berühmt für seine Reden, mit denen er zur Verteidigung von Athen vor den Makedoniern aufrief.

S.100

Franz v. Lenbach

Porträtmaler aus Bayern, lebte von 1836-1904.

S. 102

Locarno

Hier gemeint der 1925 abgeschlossene Locarnopakt, der die im Versailler Vertrag festgelegten Grenzen zwischen Deutschland, Belgien und Frankreich garantierte und Deutschland verpflichtete, die entmilitarisierte Rheinlandzone aufrechtzuerhalten.

S. 105

Partikularismus

Lat.: Kleinstaaterei; Bestrebungen staatlicher Teilgebiete, ihre besonderen Interessen gegen die der Gesamtheit durchzusetzen.

S. 106

Paul v. Hindenburg

Reichspräsident in der Weimarer Republik, 1847-1934; berief 1933 Hitler zum Reichskanzler.

S. 115

Ernst Moritz Arndt

Deutscher Schriftsteller und Historiker, 1769-1860; setzte sich für die Bauernbefreiung im damaligen schwedischen Vorpommern und auf Rügen ein, Verfasser zahlreicher Flugschriften gegen die napoleonische Fremdherrschaft, Abgeordneter der Nationalversammlung 1848.

S. 119

Demokritos

Griechischer Philosoph und Naturforscher, um 470-um 380 v.u.Z; begründete zusammen mit seinem Lehrer Leukipp die Atomistik. Seine These: Nichts entsteht aus Nichts, und nichts wird zu Nichts. Er suchte die Natur aus der ihr eigenen inneren Gesetzmäßigkeit zu erklären und leistete Beiträge zur Mathematik, Musiktheorie, Ethik und den schönen Künsten.

S. 123

Ludwig Tieck

deutscher Schriftsteller, 1773-1853; Vertreter der älteren Romantik. Gibt unter dem Pseudonym Peter Leberecht »Volksmärchen heraus und schreibt selbst sogenannte Kunstmärchen. Erlangt Bedeutung als Übersetzer von Shakespeare.

S. 123

Bräsig

Eine bekannte Volksgestalt im literarischen Schaffen von Fritz Reuter.

S. 126, 128
Themis
Göttin der griechischen Mythologie, Gemahlin des Zeus.

S.135, 177
Otto Fürst von Bismarck
Preußisch-deutscher Staatsmann, 1815-1898; Gründer und Erster Kanzler des deutschen Reiches. Meinungsverschiedenheiten mit Wilhelm II in der deutschen Außenpolitik führten letztendlich zu seinem Sturz.

S.148
Ming-Dynastie
Chinesische Kaiserdynastie nach der Vertreibung der Mongolen in der Zeit von 1368-1644.

S.148
Mandarin
Bei Europäern gebräuchliche Bezeichnung für Beamte und Würdenträger des chinesischen Kaiserreichs.

S.153, 177
Reichsfreiherr vom und zum Stein
Preußischer Staatsmann, 1757-1831; verwirklichte gegen den Widerstand altpreußischer Junker die Städteselbstverwaltung, reformierte die obersten Staatsbehörden und hob die bäuerliche Erbuntertänigkeit auf. Als er seine Pläne zur Verwirklichung eines deutschen Nationalstaates nicht verwirklichen konnte, zog er sich aus dem politischen Leben zurück.

S.158
Sokrates
Griechischer Philosoph, 469-339 v.u.Z., wurde wegen seines Wirkens gegen die athenische Sklavenhalterdemokratie zum Tode durch Trinken des Schierlingsbechers verurteilt. Seine, die sokratische Methode: den Gesprächspartner durch Fragen in Widersprüche zu verstricken, diese aufzudecken und ihn zur Erkenntnis seiner Unwissenheit zu führen:
Ich weiß, dass ich nichts weiß.

S.158
Säkulum
Lat.: Jahrhundert.

S.160
Philister
Hier im übertragenen Sinne: Spießbürger.

S.166
Carl Sternheim
Deutscher Dramatiker und Erzähler, 1878-1942; wegen seiner gegen die wilhelminische Gesellschaft gerichteten Stücke im Kaiserreich verboten, in der Weimarer Republik verpönt und ab 1933 erneut verboten, ging er ins Exil nach Brüssel, wo er später starb..

S.168

Dr. Carl Friedrich Goerdeler

Oberbürgermeister von Leipzig, 1884-1945; war 1931 und ab 1934 Reichspreiskommissar, nach dem Hitler-Attentat (20. Juli 1944) zum Tode verurteilt und hingerichtet.

S.169

Dr. Otto Geßler

Minister für Wiederaufbau und folgend Reichswehrminister in der Weimarer Republik, 1875-1955.

S.169

Dr. Hans Luther

bürgerlicher Politiker, 1879-1962; Oberbürgermeister von Essen, danach Reichsminister und ab 1925 Reichskanzler in der Weimarer Republik, unterzeichnete für Deutschland den Locarno-Vertrag.

S.172

Euripides

klassischer griechischer Tragödienschreiber, um 485-406 v.u.Z; bekundete in seinen Stücken Sympathie für die unteren Volksschichten.

S.174

Dr. Otto Braun

SPD-Politiker, 1872-1955; preußischer Ministerpräsident während der Weimarer Republik, durch den Staatsstreich Papens 1932 abgesetzt, geht ein Jahr später ins Schweizer Exil.

**Bibliographische Information
Der Deutschen Bibliothek**
Die Deutsche Bibliothek verzeichnet diese Publikation
in der Deutschen Nationalbibliographie;
detaillierte bibliographische Daten
sind im Internet über http://dnb.ddb.de
abrufbar.

Edition Konrad Reich
Lagerstraße 7, 18055 Rostock
Telefon: 0381 / 49 69 - 0
Internet: http: //www.hinstorff.de

1. Auflage 2006

Ausstattung: Rudolf Grüttner
Herstellung: Hinstorff Verlag GmbH
Druck und Bindung: Stadtdruckerei Weidner GmbH
Printed in Germany

ISBN 3-356-01148-0